汉英翻译与中国文化译介传播

杨彩霞 著

中国人民大学出版社
·北京·

序言

观乎人文　以化成天下

作为（汉英翻译）译者，为何要关注（中国）文化？这个问题看似简单，实则不易解答。作为语言使用者，为何要从语言角度阐释文化？这个问题看似寻常，实则难以回应。为何要在汉英翻译视域下探讨语言文化？这个问题看似学术，实则关涉现实。本书《汉英翻译与中国文化译介传播》即是对上述问题所做的相关思考，其中蕴含着对翻译、中国、文化、传播四个维度的诠释。作为探讨这些问题的语境，无论是中国文化内部还是其语言本身，都有相当独特的研究价值，尤其在现今中国文化走出去的背景下，对这些问题的思考和回应无疑会为汉英翻译更好地服务国家这一战略提供参考和借鉴。语言作为人类特有的属性，与文化的关系不言而喻，语言是文化的载体（外壳），而文化是语言的内容（内核）。因此，从汉英翻译的视角对上述问题进行考察，尤为彰显出汉语作为世界唯一幸存的表意文字、英语作为东西方的国际性语言所承载的现实意义。

语言是文化的载体和媒介，在文化传播过程中起着极为独特的作用。同时，语言又深受文化的影响，在不同层面都彰显和反映着文化的导向和走向。翻译承载着丰厚的文化负荷，其存在为语言相通和文化交融提供了必要的媒介和手段。对译者而言，翻译的过程即沟通文化并传递思想的过程，译者是通过语言最为直接接触异域文化的文化使者。从汉英翻译的维度看，中国文化作为翻译的出发点，就是翻译的核心和准心，在外国文化的参照下，更能衬托出中华文化的博大精深，更能展现出其营养与精华。

因此，在汉英翻译视域下对中国语言文化进行解读和诠释，在这一层面就透显出其独有的内在价值。通过对中国语言与文化实质内容的介绍，为读者提供一种从语言的视角了解中国语言本质及其与中国文化内在关联的视角；通过剖析二者的关系，又能为译者和翻译学习者提供深入理解和全面把握中国文化实质的手段，从而在比照中西语言与文化的基础之上，为中英语言的妥帖转换进行铺垫，使得两种语言与文化的沟通更为便利与通畅，中国文化走出去的目标就会更为顺畅地实现。

本书主要囊括三大部分内容：汉英翻译视域下的中国文化、中国文化译介传播语境下的汉英翻译和汉译英译介过程中的译者行为研究，三部分共同构成了中国文化译介传播的主要方式和具体做法。写作内容涉及语言和思维与文化的关系、文字的功用与翻译、中文语言现象、中国文化的主要观念、中国学术思想、中国教育理念、中文语境内的翻译场域以及中国文学艺术传统。在此基础上，探讨汉英翻译实践和教学中的文化视角和文化意识，以具体案例分析汉语文化现象在英文中的移植策略，并对汉英译介过程中的译者行为进行剖析，探讨文化语境对译者的制约与影响，为通过汉英翻译传播中国文化提供理论指导。

本书的写作重点是探讨汉英翻译在中国文化译介和传播过程中的角色和作用，从汉英翻译的教学、实践及理论研究三个层面展开讨论，在纽马克和莱斯的文本类型理论指导下，运用汉英翻译的典型译例展开分析。在中国语言文化的语境内，以西方文化尤其是英语文化作为思考的参照系，尤为彰显本研究的独特意义。20 世纪六七十年代以来，翻译理论迅速发展，从传统的语言学翻译视角到阐释学派、功能学派、文化研究、解构主义到女性主义和后殖民主义研究视角，学者们从不同角度对翻译进行剖析、阐释和研究，对于翻译实践和翻译教学起到了推动作用。

本书的一大亮点在于侧重语言之中体现的文化，强调在中国语境下与西方语言文化进行参照性融汇。在此基础上，努力展现汉英翻译处理文化现象的策略，思考中国文化译介传播的媒介作用，探讨中国经典文本和传统思想在异域环境中的接受方式及效果。这种研究思路无疑会在中国文化走出去的背景下，培养译者动态的文化历史观，透过译介话语所承载的文化意识，通过具有高度文化自觉和文化自信的译者行为，承担起译者的文化责任，构建中国对外传播话语体系，积极弘扬中国传统文化，为中国优秀文化在异域语境中的接受和传播营造更为融洽的氛围。讲好中国故事，传播好中国声音，在世界面前展现一个立体、全面的中国，是汉英翻译事业的使命，是汉英翻译工作者的职责。

本成果受到中国人民大学2022年度“中央高校建设世界一流大学（学科）和特色发展引导专项资金”支持。本书的目标读者是翻译研究者和翻译从业人士，一方面为大学或研究机构的翻译学习者和研究者提供翻译的文化研究思路；另一方面也为翻译从业者提供文化维度的参照。概言之，观乎人文，以化成天下，汉英翻译必将在中国文化外译传播过程中发挥其独到的作用。

作　者

2023年3月

CONTENTS 目录

汉英翻译视域下的中国文化

一　语言和思维与文化……3
二　文字的功用与翻译……17
三　中文语言现象……27
四　中国文化的主要观念……31
五　中国学术思想……41
六　中国教育理念……59
七　中文语境内的翻译场域……65
八　中国文学艺术传统……80

中国文化译介传播语境下的汉英翻译

一　汉译英翻译实践和教学研究……91
二　汉英对比研究的语言与文化视角……98
三　汉英翻译教学中文化意识的培养……103
四　汉语文化现象在英文中的移植策略……106
五　汉英翻译实践中的文化移植案例分析……124

汉译英译介过程中的译者行为研究

一　译者的翻译过程研究……143
二　文化语境对译者的制约与影响……165

结　　语……167

参考书目……169

汉英翻译视域下的中国文化

一

语言和思维与文化

语言是形象的象征符号，形象是语言代表的意义。语言的形成和使用与人类大脑的结构有着直接的关联。从人脑的物理构成来看，两个半脑分工不同，左半脑负责语言，其功能为语言思维；右半脑负责形象，其功能为形象思维。从语言形式来看，中西方语言形式的不同直接造成了两种语境下人们思维方式的不同，首先体现在文字书写方式上。中文文字的音、形、义的结合使得中国人长于形象思维，英语这种字母文字割裂了与形象的直接联系，表现为纯粹记录语言的符号，形成了西方人较强的语言思维。

研究表明，语言和思维存在着密切的关联，诸多西方学者也不同程度地表述了这一思想。黑格尔在《逻辑学》第二版的序言中对逻辑的对象——思维形式进行了讨论，认为思维形式首先表现和记载在人的语言里。中国学者强调语言与思维是外壳和内核的关系，认为思想的最高境界无法用语言来表达。《易经·系辞》认为“书不尽言，言不尽意。”可见语言作为一种符号，有其自身的局限性和有限性。庄子说“得意而忘言”，就是将意义从言辞的局限中释放出来。《庄子·秋水》记载，“可以言论者，物之粗也；可以意致者，物之精也。”老子《道德经》开篇的“道可道，非常道。名可名，非常名。”都是这种思想的不同形式的呈现。

语言和思维的内容根基于文化语境之中，是相关文化思想的具体表现。鉴于中西方文化迥然不同，语言形式和思维内涵也呈现出大相径庭的内容。从翻译的视角看，翻译的对象是具体的语言，但翻译的实质是语言背后的文化及该文化所体现的思维内涵。本质上讲，译者处理的并非文字，而是文化。文化元素如何在译文当中得到恰如其分的呈现，是译者和翻译研究者应该尤为关注的问题。

语　言

并非语言本身多么正确、有力，或者优美，而在于它所体现出来的思想的力量。

——歌德

语言是人类交际最重要的工具，是人类所特有的、用任意符号创造出来的表达感情和愿望、交流思想的手段。语言是思维内容的外显，语言具有特定的思想性，并且这种思想性蕴含着高度的逻辑性。因此，与其说人类生活在客观世界、社会活动之中，不如说人类更大程度是生活在特定的语言之中。如果以为一个人可以不运用语言而使自己适应现实，那纯粹是极大的错觉，因为现实世界是建立在语言之上的，可以说语言是人类存在的家园。《圣经·旧约》开篇就讲到了语言的力量，巴别塔的传说解释了人类多种语言的由来，并赋予语言较强的现实交际功能，同时也暗喻着翻译的不可完成性。人一生下来就发出哭声，这一刹那间人就被交给了语言，在语言“寂静的轰鸣”声中形成了人的本质，在语言“寂静的轰鸣”声中认识了世界和万物的差异，并以自己的方式言说这个世界，传递出对这个物质世界的感知和认知。在相当程度上，可以说语言就是人类的家园。

语言的起源涉及语言何时、何地以及如何起源等一系列根本性问题，这些是学术界至今尚未完全解决的核心问题，也是长期以来人们关于语言问题论争的焦点。历史上对这个问题也有着多种臆测和假说，并存在诸多争议。1866 年，巴黎语言学会甚至明令禁止讨论语言起源问题，这一禁令对西方学术界产生的影响一直延续到 20 世纪末。在语言发展史上，语言的起源主要分为神授说和人创说，这两种起源说实际上代表着人们认知世界的不同视角，也是对语言起源的客观性和主观性的不同诠释。

神授说在《圣经·旧约》的《创世记》有关巴别塔的描述中有明确的记载：世上原本只有一种语言，但巴比伦地区的人们决心建造一座能通往天堂的高塔。人类这种胆大妄为的举动违背了上帝的意志并直接威胁到上帝的统治，于是上帝一夜之间变乱了天下的语言。

人们再也听不懂对方在说什么，误解和分歧由此而生，人们之间开始出现纷争，建造通天塔的梦想半途而废。后来，人们把这座塔叫作“巴别塔”，也称“通天塔”，并把寻找语言扩散的中心比喻为寻找“通天塔”。“通天塔”的传说使得语言之间的翻译成为必要，同时也隐喻着翻译是一项无法完全完成的任务，是一项制造缺憾的事业。

人创说表明了人类改造世界过程中的主观能动性，也是译者主体性得以实现的基点。这种视角认为语言是人类自己创造的，不是上帝或神赐予的。由于人类活动的复杂性，人创说也有不同来源。最为形象的说法是摹声说，认为语言起源于人类对外界各种声音的模仿。这种观点虽有相当的合理性，但也有其局限性，因为它只能解释摹声词的产生，却无法说明人类语言起源的根本问题。第二种通行的说法是社会契约说，认为语言起源于人们之间的彼此约定。这种观点注意到了语言的社会属性和语言符号的任意性，但却有其自身的悖论，因为它无法解释在语言没有产生的情况下人们是如何进行彼此约定的。第三种说法是手势说，人类在使用有声语言之前确实经历过手势语言的阶段，手势语在一定程度上也能实现一定的沟通目的，但这种观点无法解释手势语言是如何发展为有声语言的，因而也有其自身的局限性。第四种说法是感叹说，认为人类的有声语言是从抒发感情的各种叫喊声演变来的，这种观点突出了语言的情感性，展现了人类心理活动的外在抒发，但无法解释叹词是如何发展成为具有理性意义的其他词语的。第五种说法是劳动创造说，认为人类的有声语言是从人们的劳动叫喊声发展而来，这种观点注意到语言起源和劳动的关系，但无法解释劳动号子是如何发展成为具有实质内容的语言的。

相对而言，劳动创造说具有较强的现实性。要想充分认识这一观点，首先需要认识到语言的起源必须具备三方面的条件：①人类要具备一定的生理条件。人类的身体发育到一定程度，尤其是喉、舌等发音器官的成熟，才能为人类语言的出现提供必要的物质条件。②人类的思维能力要发展到一定的水平。语言的出现不仅是为了表达感叹，还是内心思想的外在表现。语言要想具备一定的思想内涵，就需要有一定的逻辑性，而人类的思维能力要达到一定程度才能做到这一点。③人类社会有了产生语言的必要性。人类社会必须发展到“彼此间有些什么非说不可的地步了”，才有产生语言的必要性。换言之，劳动创造语言实质上就是在主客观条件结合的情况下实现的。

语言起源的各种学说实际上反映出语言起源的“物质性 + 精神性”两大特点。要了解语言，就需要了解语言的各个维度和不同层面。首先需要明确语言的界定，语言可以被视为是以语音为物质外壳，由词汇和语法构成，并能表达人类思想和情感的符号系统。在此基础上，明确语言的特性，即语言具有创造性、结构性、意义性、指代性、社会性与个体性等特点。从语言的结构看，语言具有音位、语素、词语、短语、句子、段落、篇章等层次。从语言的种类看，语言分为对话语言、独白语言、书面语言、内部语言等。从语言的内容看，语言是思维的再现，具有确定的思想性和严谨的逻辑性。从语言的作用看，语言具有传递信息和沟通思想的功效，能够实现表达情感和交流思想的目的。

语言的特征首先表现为符号性和系统性。语言是社会约定俗成的表达观念的符号，而符号的本质是社会的，它在某种程度上要规避社会上某些小群体、小圈子的意识，具备社会公有性内容，这是语言最本质的特征。在此层面上，语言可被视为一种社会契约，一个社会接受一种表达手段而排斥另一种表达手段，其实都是社会集体意识的习惯使然。

语言符号是一种包含着两面性的实体。一方面，语言用来表示事物的名称，所以任何语言都是概念的映像，即具有所指性。另一方面，语言要依托声音这种媒介来表达所指，所以语言也是声音的映像，声音是语言的另一个侧面，即语言具有能指性。语言的所指性和能指性奠定了语言表达明确性和逻辑性的基础，同时也在相当程度上决定了语言的表达效果。

语言还具有任意性和线条性的特征。任意性是指语言符号和文字能指与所指之间是一种任意的连接关系，这种关系是不可论证的。线条性是指语言的能指是依托声音来完成的，所以只能在一维的声音空间里传播，而不能突破声音的范围和能力，这也造就了语言使用和表达的局限性。语言的声音性决定了语言的线条性是不可消除的必然结果。从翻译的视角看，阐释是翻译的第一步，概因语言的任意性特征，文本本身蕴含多重诠释的可能性，也就是说在理解原文本的过程中，需要译者具有敏锐的识别力，能够从多重含义中挖掘出文本的意涵。在理解层面上，作为特殊读者的译者要读出字里行间的意思；在翻译层面上，作为翻译活动践行者的译者要超越原文本的约束，得“意”而忘“形”，在译文本中准确再现原作的信息。在以汉语为载体的文本信息外译过程中，中文语言的丰富性使得这一要求显得尤为必要。要完成讲好中国故事、传播好中国声音的任务，通过汉英翻译实现中国文化的充分译介和传播，首先需要译者在阐释的层面完美地理解和诠释原文。

语言的特征也表现为不变性和可变性。语言是一个处在不断地运动、变化和发展之中的系统，这个体系中的各要素既有一定的稳定性，也有一定的变动性。稳定性是语言系统已存在的前提，也是语言自身被大规模研习使用的必备条件，而变动性不仅仅是作为一个系统的语言的内部不断衍生和发展的规律所致，而且也是语言传承性的具体表现。翻译过程中从译出语中带来的新词或新表达方式，是促使语言内部发生变化的一个重要来源。具有生命力的表达会在译入语中存留下来，成为译入语的一个组成部分，并在一定程度上丰富该语言的表达力。而不具（充分）生命力的表达，则不符合译入语的语言生态环境，在语言使用过程中就会逐步被淘汰。佐哈尔的多元系统论强调了这一系统是动态发展的体系，视翻译文学为目的语文化、文学、历史等多元系统中的一部分，认为翻译文学行动要与文化语境、社会条件、政治经济等诸多因素相结合。中外翻译史上，都不乏留存下来的富有生命力的语言表达，为译入语文化赋予了新的内涵和活力，翻译文学因而成为译入语文化系统中的独特组成部分。但是，需要注意的是，在语言接受外来因素方面，语言接受的多寡也在一定程度上突显了该语言的容纳力及其所在文化的包容度。

任何事物都是在不断地运动、变化和发展，新事物不断地产生，旧事物不断地消亡。语言亦是如此。语言系统的变化虽然不像其他事物表现得那么明显，变化速度并不是那么快，但是，受到语言使用的推动以及社会和文化等诸多因素的影响，语言本身在不断地向着更经济、更简练、更实用且包容力、表现力更强的趋势发展。语言内部的各个组成部分都有着不同形式、不同形态的变化，而且变化的多少和快慢也呈现不同的趋势。随着社会的发展以及各学科研究成果的交融，人们对语言的研究突破了学科的界限，逐渐掌握了越来越多的规律来解释和预测语言的变化，不但体现了人们对于语言学的关注和探索取得了诸多进展，同时还昭示了语言的变化是有据可依、有规可循的。

语言的特征还表现为传承性和交际性。从某种意义上来看，语言是人类文化得以传承和储存的有效载体，在自身发展过程中，语言逐步体现出很强的传承性和交际性。传承性是指语言以自己独有的风格特色吸引或者促使人们在生产生活中自觉或不自觉地通过语言这个工具直接或间接地影响着相关的人群，或者波及其他更为广泛的区域或群体，达到信息传递和文化传承的效果。在人类社会发展过程中，语言不仅在古代人与现代人之间、中国人与外国人之间储存了文明的精华信息，充当文明发展的桥梁，同时也由于语言本身的强大交际性功能，彰显出其独特的交际能力，在丰富的交际活动中应对各种即时变化，产生更富有表达力的语言形式，赋予更多的基于生活、生产实际的意义。在此层面上，语言就会具有更丰富的表现方式，蕴含更多样的意义和内涵，表现出更强大的表达力。因此，宏观上讲，语言是动态的、灵活的、变通的表现形式，在不断融合、变化、发展过程中形成其独有的生命活力。

从大脑的表现形式观察语言，语言分为“脑语”和“嘴语”。所谓脑语，就是人们时时在大脑里产生被称作“思考”或“思想”或“思维”的那类内容，而脑语一旦用嘴巴表达出来，就成为“嘴语”。脑语和嘴语其实并不是一个东西，概因嘴语在表达脑语时有可能会失真，“言不由衷”“词不达意”是语言表达时经常出现的现象。而且，嘴语并非脑语的唯一表达方式，因为脑语还可以通过肌肉群来表达，即人们可以通过手势和表情等动作来表现脑海中的画面和内容。

文学创作的意识流手法在很大程度上体现了脑语的呈现方式。顾名思义，意识流就是人的脑海中意识的流动，这种流动看似杂乱无序，但却在混乱中蕴含着有序和逻辑，是人们潜在意识的不自觉涌动，是人们所思所想的下意识表现。法国作家普鲁斯特的《追忆似水年华》、英国作家乔伊斯的《尤利西斯》、美国作家福克纳的《喧哗与骚动》无不形象地展现出脑语的表达特点及产生的艺术表达效果，这类意识流创作对人的心理现实的拿捏极为精准，弥补了现实主义创作过于“实”的写作特点。从翻译的角度看，译者脑海中并行存在的两种语言在碰撞、沟通和融汇，脑语对于最终译文的形成起着关键的作用，是后者呈现之前的“雏形”，可以说在相当程度上决定了后者在内容和形式两个方面的呈现。

语言表达是一个人能力的重要表现。无论是脑语抑或是嘴语，表达的都是人的心理活动、情绪感情或意识流动。运用正确到位的语言恰如其分地表达思想、交流情感，既是人与人之间交流最为直接有效的便捷手段，也是不同文化之间相互沟通的重要媒介。语言的正确妥当使用，可以在很大程度上促进文化的交流，推进社会的发展，消除政府间的误解，避免国家间的冲突，解决人们相互之间的矛盾，从而营造良好的社会氛围和高效的运转体系。作为不同语言之间人们信息沟通的媒介，翻译在这个层面上发挥着至关重要的作用。

根据语音、语法和词汇等方面特征的起源关系和共同之处，世界上的语言分成了不同语系。每个语系包含数量不等的语种，这些语系与语种在地域上都有一定的分布区，诸多文化特征都与地域性有密切的关系，如黑人英语（Black English）就是典型的既有种族特征又有地域特征的语言。因此，文化的差异性在一定程度上与语系的不同有着关联，且通过语言得以彰显。

根据劳动创造语言说，语言是在人们的社会劳动中出现，并和劳动一起发展形成的，因此语言实际上就是过程中的语言，且处于不断发展之中，只不过在历史长河中的大部分时间阶段，语言的发展都非常缓慢。人类语言的产生是社会生活发展到一定程度的必然产物，原始人类在狩猎野兽、采集植物、制造石器等生存活动中，需要共同协作、相互沟通，这时候他们已经到了彼此间有些什么非说不可的地步。从本源上讲，语言的产生是指人们通过发音器官或手势等身体部位的活动把所要表达的思想说出来或写出来，包括说话和书写两种形式。

语言产生的单位主要有音素、音节、语素、语词、短语、句子等不同层面。语言既包含“文本”（text），也包含“语境”（context）。从翻译的角度看，译者处理的是“文本”，但事实上面对的是“语境”。这个语境包含两个层面，一是文本本身的上下文及语篇所蕴含的社会和文化背景等内在内容。二是文本之外的内容，譬如文本创作的历史时代、社会环境、作者的写作背景和创作意图等。根据厚翻译理论，在研究翻译或分析译本时，既要关注文本内部的内容，又要关注文本之外的材料，即“内文本”和“外文本”都是需要研究者兼顾的层面。鉴于翻译涉及领域之广泛、内容之深入，尤其是对文学文本和牵涉文化内容较多的文本而言，文本之外信息的处理在一定程度上会影响甚至决定着译作的生产和接受效果。

语言的产生可以分为不同的阶段，信息传递过程主要有构造、转化和执行三个阶段。构造阶段是根据目的确定要表达的思想；转化阶段是运用句法规则将思想转化成语言的形式；执行阶段是将语言形式的信息说出来或写出来。这三个阶段同样适用于翻译产生的过程，尤其是构造阶段根据目的确定要表达的思想，跟翻译目的论三原则所倡导的目的为第一原则的思想不谋而合。

翻译作为一种语言活动，就是把一种语言文字转换成另一种语言文字，而不改变其意义的语言活动。《礼记·王制》记载：“五方之民，言语不通，嗜欲不同。达其志，通其欲，东方曰寄，南方曰象，西方曰狄鞮，北方曰译。”这里的“达其志”就是“表达他们的意思”，“通其欲”就是“了解他们的想法”。“寄”“象”“狄鞮”“译”就是当时对负责翻译东、南、西、北四方民族语言的翻译的官方称谓，后来也作为翻译术语使用。四者合称的“象寄译鞮”，或简称为“象寄”“象鞮”“象译”“译象”“译鞮”等，都可以用来指称翻译活动。不同区域对于这一活动的措辞用语，一方面体现出“一方水土一方人”的不同思维方式和用语习惯，另一方面也展现出人们对于这种复杂的人类活动从不同角度所做的诠释。

从形式上看，翻译有口头翻译，也有书面形式的文字翻译。翻译最初是指不同语言之间的对译，后来常用来指称同种文字之间的古文今译。只是两者有着明显区别：同种文字的古文今译，主要用来克服古今异言的障碍，只包含古今的时间因素，处理的是语言在时间流逝中的关系；不同语种之间的对译，除了时间因素外，还兼含地域这样的空间因素在内。本书所涉及的翻译，多指后者，即雅各布森的“语际翻译”。雅各布森的翻译三分法，即语内翻译、语际翻译和符际翻译，从本质上揭示了翻译活动的本质规律，对当代翻译研究产生了积极的推动作用。由此可见，翻译作为一种语言活动，可以超越时空的限制而实现有效的沟通，同时文字和文化的传承也在时空领域中得以实现。

语言是一种过程中的存在，可以视为一种产生、发展和消亡的生命体。过程中的语言作为人类思维的一种外显，一直存在着可能会消亡的尴尬处境。目前语言濒危已成为一种全球现象，语言应该在这个层面得到应有的关注。保护民族语言，其实就是保护民族文化。保护民族语言和抢救濒危语言就是为了保护多样性的民族文化，同时也是为了保障各民族成员的平等权利，因为语言不仅反映社会现实，而且直接参与社会活动、干预社会行为，影响着我们每个人的生存状态和个人发展。

作为语言使用者，我们应该善待语言，充分认识到语言的价值、功用和效果。在社会生活中，理性的交谈、优雅的用语，带来的是协商、平等、宽容的公共氛围，催生的是契约、节制、包容的公共精神。相反，负能量的话语沟通，只会给社会的公共生活和共同操守带来猜忌、撕裂、矛盾和冲突，从而形成消极、被动的沟通环境。因此，语言在很大程度上左右着社会文化的发展进程，也是衡量一个社会文明程度的重要尺度。

汉语和英语是世界上最重要的两大语言，一个是使用人数最多的语言，一个是使用范围最广的语言，它们代表着东西方的两种文化形态，在沟通东西方文明方面发挥着不可或缺的作用。汉英翻译在诸多层面也充当着这样的角色，尤其是在传递中国文化观念，构建与英语世界对话的桥梁，讲好中国故事，传播好中国声音这些方面都展现出独到的风采。

思　维

思维是灵魂的自我谈话。

——柏拉图

思维即人脑对客观现实的反映过程，是人用头脑进行逻辑推导的属性、能力和结果。具体而言，思维产生于人类社会实践过程中，是人们在表象、概念的基础上进行分析、判断、推理、综合等认识活动的过程，是人类特有的一种心理和精神活动。思维形式呈现出诸多形态，除逻辑思维之外，还有形象思维、直觉思维、顿悟等多种思维形式。理解口头或书面语言，需要从表面的语言表达中梳理和厘清内在的思维逻辑。翻译的理解过程其实也是梳理源语中的内在逻辑并以译语的思维进行再构造的过程。因此，对内容的正确传递在很大程度上要依赖对所表述内容内在逻辑的把握，缜密的思维逻辑性是对译者的基本要求。

从思维的类型看，有分析与综合、比较与分类、抽象和概括等不同形式，在社会生活、语言表述、艺术表达等方面都有不同程度的表现。归纳思维和演绎思维是最为常用的思维方式，前者是从一个个具体的事例中，推导出一般规律和共通结论的思维形式；后者是把一般规律应用于一个个具体事例的思维形式，在逻辑学上又叫演绎推理，是从一般的原理、原则推及到个别具体事例的思维方法。推理思维实际上就是通过判断、推理去解答问题，也是一种逻辑思维形式，即先要对一个事物进行分析、判断，得出结论，再以此类推。递进思维也颇为常见，是从目前的一步为起点，以更远的目标为方向，一步步深入达到的思维。数学运算中的多步运算，其实就是递进思维在学科学习过程中的具体表现。

较为常见的思维方式大多是较为直接的思维模式，譬如求证思维就是用自己掌握的知识和经验去验证某个结论的思维方式。求证思维的结构包括论题、论据和论证方式，在生活中的使用司空见惯。想象思维与求证思维的路径相反，它是在联想中思维，即在已知材料的基础上经过新的配合创造出新形象的思维，是由此及彼的过程。辩证思维在人们的工作和生活中也起着非常重要的作用，这种思维方式强调以变化发展的视角认识事物，通常被认为与逻辑思维相对立。运用辩证法的规律进行思维，主要是运用质与量互相转化、对立统一、否定之否定三个规律。

在现代社会中，尤其是在教育的层面，批判思维是较为推崇的一种思维形式，包括独立、自主、自信、开放、尊重他人、不迷信权威等要素。求异思维，又称发散性思维，也是较为独到的思维形式，对同一个问题可以从多方面思考，探求多种解决方案。多角度思考的方式也包括反向思维，譬如逆向思维就是从反面想，推导结果会是什么。横向思维也是多维度思维的常见形式，简单地说就是左思右想、思前想后。横向思维的思维方向大多是围绕同一个问题从不同的角度去分析，或是在对各个与之相关的事物的分析中寻找答案。简言之，这种思维大都是从与之相关的事物中寻找解决问题的突破口。

同样，交叉思维也不失为一种颇具启发性的思维方式，即从一头寻找答案，在一定的点暂时停顿，再从另一头寻找答案，也在这点上停顿，两头交叉汇合沟通思路，找出正确的答案。在解决较为复杂的问题时经常要用到这种思维形式。跳跃思维也是一种高效的思维方式，在思维过程中跳过事物中的某些中间环节，省略某些次要的过程，直接达到终点。转化思维是解决问题的过程中遇到障碍时经常使用的一种思维方式，把问题由一种形式转换成另一种形式，使问题变得更简单、更直接、更清晰，因而更易于解决。分解思维则把一个问题分解成各个部分，从每个部分及其相互关系中去寻找答案，也是把复杂问题明晰化的一种思维方式。

解决问题、处理事务时，还存在一种直觉或灵感式思维方式。直觉思维是一次性猛然接触事物本质的思维形式，得出结论后再去论证。这种思维需要平时对事物本质有着认识上的积累。直觉思维是由显意识→潜意识→显意识构成的一个动态整体结构，以整体性和跃迁性区别于其他思维形式。灵感思维则是人们在创造过程中达到高潮阶段以后出现的一种最富有创造性的思维突破。它常常以“一闪念”的形式出现，是由人们潜意识思维与显意识思维多次迭加而形成的，也是人们长期进行创造性思维活动达到的一种很高的境界。

解决复杂问题时，单凭一种思维方式有其自身的局限性。因此，在思维过程中，可以通过对若干要素的重新组合，产生新的事物或创意。这种组合思维法非常有用，是根据需要将不同的事物组合在一起，从而创造出新的事物。综合思维就是多种思维方式结合起来运用的思维形式。很多问题光靠一种思维方式是解决不了的，必须有多种思维方式综合运用才能解决。平行思维需要从不同的方向寻求互不干扰、互不冲突，即平行的方法来解决大型问题的一种思路，它也是发散思维的一种形式。

无论哪种思维形式，其内容最终都要通过语言表达出来。作为构成思维模式的材料符号中的一个部分，语言通过音、形、义的结合，系统地储存于人脑的皮层细胞内，参与到思维活动之中。由此可见，思维和语言有着密切的关系。一方面，思维离不开作为材料的语言。倘若没有语言，思维则无以定其形，无以约其式，无以证其实。反之，若没有思维，语言也不具备其多功能性和丰富性。因此，思维作用于语言，语言也作用于思维。思维的发展推动着语言的发展，而语言的发展同时也推动着思维的发展，两者相互作用、相互依存。

首先，语言是人类进行交际的最主要、最直接的工具，不同的思维方式和生活习俗使语言形成了不同的表达方式。其次，语言是人的存在的一部分，它不再是一种简单的工具，供人们用来给经验、社会关系、物体命名，而是一种蕴含着人类对世界的某种基本信念的范畴体系。可以说，语言是进行思维和传递信息的工具，是人类保存认识成果的载体。由语言产生的人类抽象思维能力，使人类能够用概念和符号来面对和掌控眼前的和想象中的现实，把人与世界紧紧地联系起来，使人产生直觉思维、整体思维、有序思维、比附思维等思维形式，从而应用于现实世界的实践活动中。

因此，思维的差异直接表现在语言之中，语言的呈现也展示了思维的内容。从翻译的维度看，思维的严谨性、缜密性、完整性、多维度性对好译本的产生起着至关重要的作用。从汉英翻译的视角看，汉英语篇结构的差异对翻译有着显著的影响，主要表现在线性结构与螺旋性结构的区别。线性结构是典型的英语语篇结构及相关思维模式。用英语进行思维，从根本上说是柏拉图－亚里士多德的逻辑顺序，这一顺序在发展形式上主要呈线性。由此可见，英语语篇的呈现形式一般按照直线型进行展开，先陈述语篇的中心思想，而后分点逐步展开说明。分点说明的目的是对主题句进行展开，并为在后面段落中增加其他内容进行前期准备。英语语篇的展开呈典型的直线型，这是英语语篇连贯性的一种独特类型。螺旋型是典型的汉语语篇模式，譬如八股文这种古旧的文化形式，反映的就是古人的一种惯性思维模式，在现代汉语的某些语篇中也能见到这种惯性思维模式。一旦这些语篇被机械地译成英语后，就很可能被英语读者认为存在结构混乱的缺陷，而实际上这种问题的出现是不同思维模式造成的逻辑问题。

汉英语篇衔接手段存在差异对翻译也有着显著的影响。英语的“形合法”与汉语的“意合法”在语篇的层面明显彰显出中西方逻辑思维模式的差异，这种差异对汉英译者产生较大的制约作用，使译文在布篇谋局这些结构方面也存在极大差异，在不同语篇中使用的语篇衔接手段也有着很大的不同。早在20世纪30年代，林语堂先生就说过，“其实翻译上的问题，仍不外乎译者的心理及所译的文字的两样关系，所以翻译的问题，就可以说是语言文字及心理的问题。”[①] 因此，注重翻译中的逻辑思维活动，对完善翻译理论和提升翻译质量都极为有益。

文　化

文化开启了对美的感知。

——爱默生

文化是一个极度宽泛的概念，严格精确地界定文化其实是件极为困难的事情。文化是人类在不断认识自然、改造自然的过程中，在不断认识自我、改造自我的过程中，创造出来的并获得人们共同认可和使用（以文字为主、图像为辅）的符号和（以语言为主，音韵、音符为辅）声音的体系总和。确切地说，文化凝结在物质之中又游离于物质之外，具有多样性、地域性、民族性、时代性的特点。换言之，文化是语言和文字的总和，文化可以从不同视角进行诠释。

语言与文化的密切关系首先在于，语言是人类特有的文化行为，是文化产生的重要形式。其次，语言是文化存在的重要标志符号，没有语言，便没有文化。再次，文化是语言的“底座”，没有文化，语言便不复存在。从汉语与文化的关系看，二者存在着镜像关

① 罗新璋编，《翻译论集》，北京：商务印书馆，1984，第419页。

系和理据关系。镜像关系是指汉语像一面镜子那样，清晰地反映了中华民族历史文化的各种事物观念和习俗。理据关系指的是许多汉语现象，诸如汉语的构词、汉语词义的形成和演变、汉语的结构特点、汉字的形体组成等，都可以从汉文化中找到理据进行佐证。

通过语言了解一种文化，很重要的工作就是翻译。翻译是文化传播和文化交流的媒介和桥梁，译者必须首先成为被译语言的一个“说话人”，而成为“说话人”意味着他须获得被译语言中人与人之间对话的无限性内容。对译者来说，仅仅做到“文从字顺”，是无法使译文的意涵具有无限伸展的空间和潜力的。一种语言形式平面地交换为另一种语言形式后，原文语词的社会背景和言外之音及弦外之意均已消失殆尽，概因其只存在于原文的语言中，拒绝异族语言的替代。因此，翻译之难就在于要真正成为另一个民族的“说话人”，从而获得对话的无限可能性。在这个意义上，翻译的限度也就是语言民族性的限度。

一方面，由于语言是各自民族“存在的真理的家”，不同民族语言之间的翻译，其误解和遮蔽也是不可避免的。读者接受理论在文学层面上提供了关注受众群体的视角，文学批评理论也提供了作品“误读”的合理性和必要性。“所谓误读就是按照自身的文化传统，思维方式，自己所熟悉的一切去解读另一种文化。……只能按照自己的思维模式去认识这个世界！……他原有的‘视域’决定了他的‘不见’和‘洞见’，决定了他将对另一种文化如何选择，如何切割，然后又决定了他如何对其认知和解释”①。“诗学误读”理论是由20世纪70年代美国解构主义大师著名文学评论家哈罗德·布鲁姆提出的一个文学批评概念，认为后人对诗作的评论和解读就是对前人作品的误读或修正。翻译作为跨文化交际最主要、最直接的形式，其中的“误读”（误译）也是难以避免、客观存在的现象。哲学阐释学与文学多重诠释视角，其实正是为语言多义性提供了学理依据。这既为译者翻译过程中采取灵活变通的手段提供了理论参照，也提供了阐释原作的不同维度和视角。

不同语言之间可能还会存在语义空缺和文化缺省的现象，这也是翻译过程中需要灵活处理的地方。举个例子，汉语中无法找出可以同时表达“兄”或“弟”、“姐”或“妹”的一个字词；英语中的“uncle”到底是“叔父”“伯父”“姑父”“舅父”，还是“姨夫”，没有具体语境很难确定；英语中的“cousin”到底是男性还是女性，也得根据一定的上下文才能分辨；汉语中的“万”字到了英语里则成了“ten thousand”（十千）。英汉两种语言中

① 乐黛云，《文化差异与文化误读》，《中国文化研究》，1994，第18页。

的颜色词、动物名称、数字等蕴含的含义和意项大部分是不对等的，由此引发的文化联想也存在诸多的差异。这预示着翻译过程中需要采取灵活多样的处理手法，才可在意义上产生等值效果，有时可以保留原文形象，有时需要转换原文形象，而有时则需要牺牲原文形象。这对汉英译者提出了不小的挑战，要求译者具有敏锐的文化意识和准确的甄别，妥当地处理其中的文化内涵和文化缺省。

另一方面，语言是文化的一部分，并对文化发展起着重要作用。有些社会学家认为，语言是文化的基石，没有语言也就没有文化；语言又受文化的影响，反映文化特质。在中国文化概念中，思想往往与腹部联系在一起，“满腹文章”“满腹经纶”“腹稿”“腹议”“满腹牢骚”这些词语生动地展现了中国文字的特点，也集中反映了语言与文化的内在关联。在汉英翻译过程中，涉及文字“形”的维度，同时又内含独有的文化内涵，译者可能就会舍弃形式方面的内容，而对意义有更多照顾，这大多是在“形”的方面难以兼顾的情况下不得已而为之。

由此，语言作为文化的重要组成部分，同时又是文化的载体，记录、反映文化现象，并传承传播文化。文化是语言的内容与底蕴，赋予语言生命和活力，是语言发展的内在原动力。中国传统文化包括中华民族各个历史时期创造的优秀物质文化和精神文化，蕴含多层面、多维度的内容。就精神文化而言，主要体现在政治、经济、教育、语言文字、文学艺术和科学技术这些方面。此外，还有思想观念、伦理道德、心理思维、社会习俗等方面。

二

文字的功用与翻译

文字者，经艺之本，王政之始，前人所以垂后，后人所以识古。

——许慎

语言出现之后，人类又创造了文字。东汉许慎在《说文解字·叙》里做出了“文字者，经艺之本，王政之始，前人所以垂后，后人所以识古”的著名论断，把文字的社会作用提升到了很高的地位。在中国历史进程中，文字是五经六艺的根本，是王道之政的发源。前人用文字传承后世经验知识，后人凭借文字认识古代，以古知今。文字的功劳在人类社会发展过程中不可小觑。作为语言的视觉形式，文字突破了口语表达所受的时空限制，能够在更为广阔的地域空间和更为悠久的时间范围内发挥更大的作用。可以说，字里乾坤，文字的功用和力量在现实生活和各种文体的文本中都有充分展现。

《说文解字》和《淮南子》等著述中都有黄帝之使仓颉创造汉字的记载，其他史书中也有关于仓颉造字的传说，言仓颉革除结绳记事的简陋做法，搜集整理先民中的象形文字符号，根据事物形状创造了象形文字。由于仓颉对从结绳记事到符号文字发展过程中的贡献，被后人尊奉为“先祖仓颉”。文字的出现使人类逐渐摆脱蒙昧状态，从蛮荒生存逐步进入到文明生活。仓颉作为汉字的发明者，其实是为汉字发明做出贡献的诸多智者的象征。汉字被认为是具有丰富表现力的表意文字，表现出强大的生命力。中华文明得以代代相传，并永葆青春，主要功劳在于中文文字所呈现的巨大生命力和蕴含的博大精深的思想内涵，季羡林等学者曾对此作出过诸多论述。同样，借助于“翻译”这一媒介，汉英翻译中的中文文字所内含的思想也得以在英语世界获取了新的生命活力，并使中华文明在更大空间维度里得到弘扬。

中文汉字是中华民族的主体语言文字，经历了不同的发展阶段，从雅语、通语、官话、国语到普通话，从甲骨文、金文、篆书、隶书、草书、行书、楷书到现代汉字，包含并承载着中国传统文化广博、精深、厚重的内容与精神。六书是造字及用字的方式。在“六书”中属于造字方法的有四个，即象形、指事、会意、形声（其他两个是转注和假借）。这四种造字方法所造的汉字，都能体现表意文字形义联系紧密的特点。

汉语及汉字本身就是一种文化现象，其中蕴含着丰富的文化信息，并与中国文化内在地发生着密切的关联。汉字的起源有结绳记事、契刻说、神创说、图画说等多种说法。在《周易 · 系辞下》中有记载，“上古结绳而治，后世圣人易之以书契。”王懿荣是中国发现、收藏甲骨文的第一人，被尊称为“甲骨文之父”。在甲骨文中，还保留着结绳记事方法的痕迹，说明人们很早就将汉字起源与结绳记事联系了起来。

5 500 多年前中华大汶口文化时期产生的原始汉字、5 000 多年前古埃及人创造的圣书体字和 5 500 多年前在西亚美索不达米亚平原居住的苏美尔人创造的楔形文字是人类历史上最古老的三种表意文字。后两种表意文字已经消失，唯有汉字表现出旺盛的生命力。原因多样，其中重要的原因是，汉字最简约、最经济。从几何学的角度看，几何图形的点、线、面三者之中，“面”蕴含的信息量最大。拼音文字是一种线性文字，方块汉字是一种平面文字，在单位面积里，汉字的信息量最大。同时，汉字本身带有丰富深刻的文化性。初民在创造汉字时，有意无意地使汉字嵌入文化内涵，如“故里”的“里”字，上面是田，下面是土，表明古代人们处于农业社会，“恃田而食，恃土而居”。所以“里”成为人们聚居点的名称，如现在北京的平安里、和平里，天津的德厚里、诚祥里都是这一含义的具体表现。可见汉字的平面结构具有音形义三者结合的科学组合性和简洁性，因而赋予其强大的生命力。

汉语的意合结构与中国人的思维有着直接的关系，王力的《汉语语法纲要》大概是最早使用“意合”说明汉语结构这一特点的著述。在古代文学作品中，尤其是古典诗词中，采用意合法的例子比比皆是。元代马致远的《天净沙 · 秋思》就是一个典型代表。

枯藤老树昏鸦，小桥流水人家，古道西风瘦马。夕阳西下，断肠人在天涯。

读者需要从句法、语义、语境三个方面融会理解、贯通句意，才能对这首元曲的内涵和意境有着深刻到位的把握。曲作者描绘的情景是：黄昏已经来临，一天的时光即将结束。夕阳斜挂在山头欲落还留的样子，依依不舍地完成了一天的使命。眼前的景色真是满目凄凉，藤是枯萎的藤，已经毫无生命。树是千年老树，飒飒的西风在吹着它走向风烛残年。道是荒凉的古道，人迹罕至。马是体弱无力的瘦马，孤独地出现在清凉的秋风中。飘零在天涯海角的人，满目萧瑟的景色，满腹惆怅凄凉，又怎能不愁断肠呢。这小桥、流水、人家都是如此安详，如此静谧，如此温馨。反衬着诗人远离家乡和亲人，面对如此萧瑟景色的满目凄凉，使愁情更为深切，悲伤更为凄怆。悲秋，秋时易感伤。中文文字所蕴含的意境透过意合结构得以较好的传递，可见写景之妙尽妙于此！

文学作品的这种以景动人、以情感人的创作意涵在中文文字中得到了极致发挥。《礼记·乐记》曰："人心之动，物使之然也。"外物使人内心的情意活动起来。《诗品》云："气之动物，物之感人，故摇荡性情，形诸舞咏。""气"能让物动，从而引发人的内心感动。古人认为，宇宙间有阴阳二气，是阴阳之气的运行才产生了天地万物和四时暮晨。对中国人而言，四季不仅仅是季节的交替，还蕴含着丰富的人文内涵。夏天阳气最盛，所以草木茂盛。万物都是盛到极点便开始衰落，阴气渐生。秋冬之际阴气最重，因而草木衰败。阴到极点又转为阳，阳生而万物长，所以春天就会百花齐放。四季冷暖不同，自然景色也各有不同，人的内心也就随着这些变化而感动。春天草木的萌发让人联想到美好，引起喜欢的心理。秋天草木的凋零让人联想到生命的衰老与终结，会让人感到忧愁和悲伤。

中文象形字取象的一个特点就是形美和形象，"雨"字的点点滴滴、滂滂沱沱、淅淅沥沥，云情雨意，宛然其中。各种象形文字、会意文字的形体，都与人们认识的自然现象或社会文化现象生动地联系在一起，反映了汉字并非简单的书面语言符号，而是与文化有着深刻内在关联的文字，是中华民族文化的一种重要载体。从汉字的形体构造上，可揭示出古代的诸多文化现象。人们对于夏商历史社会的许多认识，相当一部分是从古汉字的考释中获得的。随着汉字的发展，它又积淀不同时代的文化内容。自唐代以来大规模的佛经翻译，又在另一个维度层面丰富了中文的表达力，从而更加丰富了中国哲学、宗教、文学这些关涉人文关怀的领域。因此，文化译介的成功在很大程度上取决于对文字本身的理解、诠释和传译。要想实现文字的妥当表述和传译，首先要理解中国文化本身的气质和性情。

中国古代自然观以“气”作为世界的本原，反映了汉民族基于物质运动而形成的一种基本思维方式。这种思维方式的形成与汉语文字有着内在的、深刻的联系。中国语文传统所说的文气，指的是与情理相一致的抑扬顿挫、疾徐有致的动态的语句组织精神。“气”的概念产生于战国时代，《管子》首先论述了“气”生万物的思想。早在西周末年，人们就开始用“气”来解释自然现象，认为自然界起源于气。春秋时便有“六气”之说，汉代有“元气”说，“气”因而成为一种哲学观。

从文字构成看，由“气”组成的词族，实际上是古代元气哲学观在人们生活中的反映，“元气”“生气”“胆气”“底气”“气氛”就是这种观念在文字层面的体现。由“气”组成的词语也表示构成成分，如“天气”“地气”“阴气”“阳气”“空气”；表示自然变化，如“寒气”“暑气”“湿气”“水气”“毒气”；表示人体原动力，如“元气”“精气”“力气”“养气”；表示生理功能征兆，如“气色”“血气”“气虚”“气旺”“火气”“肝气”“胎气”“经气”“络气”；表示精神状态，如“志气”“士气”“气量”“勇气”“胆气”“丧气”“神气”“气质”“气宇”“英气”；表示情感性情，如“脾气”“和气”“生气”“气愤”“怒气”“杀气”“闹气”“气炸”“赌气”“气冲冲”“气呼呼”；表示道德节操，如“气节”“正气”“浩气”。如果跟英语中的相关词语加以对照，就会发现“get angry”“be irritated”“temperament”“courage”中没有一个词是用“air”（气）为词根的，也没有用“air”构成词组的。这种文字现象直观地表明了中英文语言文字背后的文化传统和理念有着怎样的不同。

“精气”一词最早见于《管子》，既讲“精”又讲“气”，第一次把“精”和“气”联系起来。精气侧重说明人体生命的构成。《管子》中记载：“人，水也。男女精气合，而水流形。”[①]东汉道教产生以后，更热衷于精气说，《太平经》里也有论述，“夫人本生混沌之气，气生精，精生神，神生明。本於阴阳之气，气转为精，精转为神，神转为明。”[②]这也许就是“精神”一词的文化渊源。“精”一词的搭配一般有此意义，如“精神”“精力”

① 刘枫主编，《管子》（下），北京：阳光出版社，2016，第268页。

② 俞理明著，《〈太平经〉正读》，成都：巴蜀书社，2001，第560页。

"精壮""聚精会神""励精图治""无精打采""养精蓄锐""精疲力竭""精炼""精粹""精锐""精髓""味精""香精""酒精""糖精""醋精",后面这几个词都有提炼而成之意,都与食物有关。

中文的另一个字"理"也与"气"密切相关。"理"本是指玉石的纹理。《说文解字》记载,"理,治玉也。"后来,"理"被引申、转义为哲学观念,用来指事物的本体和规律,成为创造宇宙万物的精神本体和反映客观事物规律的观念。宋代理学家朱熹认为,"言物则气与理皆在其中。"[①]"既有理,便有气;既有气,则理又在乎气之中。"[②]在中国传统文化观念中,"理"既是生成宇宙万物的精神本体,又指各种事物的规律,包括人的精神活动的规律。它无所不在,同"气"对举。

如果按照以上对"气"字的分析,"理"字也可从词语构成看出其不同意义。"理"可以表示本源,如"天理""病理""定理""物理""哲理""乐理""道理""药理""真理""生理""心理""法理";可以表示运动的事理,如"理论""理由""公理""按理""合理""理屈""理合""理当""理应""讲理""伦理""评理""情理""说理""推理""无理""有理""歪理""在理""以理服人""理直气壮""理屈词穷""合情合理";可以表示次序,如"条理""纹理""肌理""节理""顺理成章";可以表示领会,如"理会""理喻""理解""理性""理睬""明理""晓之以理";可以表示管理,如"理事""理财""理家""办理""治理""受理""经理""总理"。如果对照英文意义相关的词汇,如"reason""understand""theory""ethics""psychology",亦可见中英文的巨大差异。

查询字词的意义和用法,自然要使用到各类工具书,其中字典类文字查阅工具对解决写作和翻译过程中的字词意义和用法问题起着不可或缺的作用。古代著名的字书(典)有汉代许慎的《说文解字》、南朝的《玉篇》、明朝的《字汇》和清朝的《康熙字典》,最后这部收词最多,达四万七千多字。《说文解字》,简称《说文》,是中国历史上第一部系统分析汉字字形和考究字源的字书,也是世界上很早的字典之一,是首部按部首编排的汉语字典,编著时首次对"六书"做出了具体的解释。《玉篇》是我国第一部按部首分门别类的汉字字典。《玉篇》与《说文》价值不同,各当其用:若追寻本义,仍当以《说文》为

①(宋)朱熹撰,《朱子全书》(16册),上海:上海古籍出版社,2002,第2264页。
②(宋)朱熹撰,《朱子全书》(17册),上海:上海古籍出版社,2002,第3125—3126页。

宗。但许慎不可能预见四百年后的新词新义，所以从一般用途上看，《玉篇》的价值更高些。《字汇》是明代至清初最为通行的字典，共十四卷，收录三万三千一百七十九字。《字汇》由中国明代梅膺祚编，此书依据楷体，将《说文解字》部首简化为二百一十四部，开创了全新的字典编写体例。《康熙字典》是清代康熙年间出版的图书，张玉书、陈廷敬等在明朝梅膺祚《字汇》、张自烈《正字通》两书的基础上加以增订而成。字典采用部首分类法，按笔画排列单字，字典全书分为十二集，以十二地支标识。

中国历史上最有名的三部丛书集成是明代的《永乐大典》、清代的《古今图书集成》和清代的《四库全书》。《永乐大典》编撰于明朝永乐年间，初名《文献大成》，是由姚广孝以及内阁首辅解缙总编的一部中国古典集大成的旷世大典，由两千名学者在1403—1408年间编成，是中国百科全书式的文献集。《不列颠百科全书》在“百科全书”条目中称中国明代《永乐大典》为“世界有史以来最大的百科全书”。《古今图书集成》是清朝康熙时期福建侯官人陈梦雷（1650—1741）编辑的大型类书。该书编辑历时28年，是现存规模最大、资料最丰富的类书。《四库全书》全称《钦定四库全书》，是在乾隆皇帝的主持下，由纪昀等360多位高官和学者编撰，3 800多人抄写，耗时13年编成的丛书，分经、史、子、集四部，故名四库。

上述字书和丛书集成对中国文字的使用和发展起了重要作用。同时，文字与文化有着不可思议的微妙关系，这些工具书对中国文化的记载和阐释也在更大程度上展现了中国文化的博大精深。从语词的语源和变迁，我们可以一窥过去文化遗留下来的痕迹；从造词心理，我们可以推测民族的文化程度；从借字现象，我们可以看出中外文化的接触、碰撞和融合。下文中文字词的结构和意义在很大程度上展现了中国文化的内涵和意蕴。

中国文化中，思想往往与腹部联系在一起，人们常用的词语如“满腹经纶”“满腹文章”“满腹牢骚”“腹稿”“腹议”中的“腹”字可见一斑。汉字中，表达人体器官的字，大多会有“月”旁，如“肝”“脾”“胃”“肾”这些人体器官，以及表现身体变化的字如“胖”等，都带有“月”字旁。带有“疒”字旁的字多有生理或心理上发生的不正常状态或害处、责备等意义，如“瘦”“疯”“病”“疾”“疼”“痛”“癫”“癌”“症”“疫”“疮”“疲”“痕”“疚”“瘪”“疤”“疗”“癞”“痒”“瘫”“痴”“瘾”“癖”“瘘”“瘠”“痰”“癣”“痞”“痔”“疡”等都有“不正常”和“疾病”这类消极意义。与拜神有关的字多从“示”

旁，如“神”“祗”“祖”“祝”“祷”“社”“礼”“礽”“祈”“祐”“祾”“祺”“禅”“福”“禘”“禧”。而“宀”组成的字多与房屋有关，如“室”“宅”“寨”“宿”“家”“寐”“守”“安”“牢”“宗”“宫”“宴”“案”“宇宙”“宾客”“寄宿”“寝室”。“殳”是会意字，基本意为“手拿武器”，用途在于防守。由“殳”组成的字因而常含有“打、击、杀”之意，如“殴”“殿”“殺”（同杀）、“殁”“毁”“殽”（同“淆”和“崤”）。“皿”可能是最早的家用器具，“盆”“盂”“盏”“盥”“益”“盈”都是与此相关的词。这些例子生动地说明了汉字构词的基本规律及其蕴含的丰富文化内涵。

词语的使用与人们的生活文化有着直接的关系，反映出人类生产生活过程中的文化现象及变化。在表现上古语言词汇的《说文解字》和《尔雅》中，带“贝”字的字词多与贸易、借贷有关，常见的“贩”“贸”“赈”“货”“购”“赊”“账”“贷”“赔”“质”“赠”“贡”“赋”“贿赂”“赏赐”就是明显的例证。这是因为夏商时期，贝是经济贸易活动中使用的货币，甲骨文中就出现许多与贸易有关的以“贝”为偏旁的字。后来，秦始皇废除“贝”而改用钱，《说文解字》也指出贝“海介虫也，居陆名猋，在水名蜬。象形。古者货币而宝龟，周而有泉，至秦废贝行钱。”农作物的词汇多与“禾”有关，如“禾”“黍”“稷”“稻”“麦”“秬”“秆”“秈”“季”“秕”“香”“种”“秔”“秋”“秼”“秤”“秫”“秧”“租”、“秵”、“税”“稍”“稂”“稞”“稔”、“穇”、“稼”、“秸秆”。表意文字的特点在其字词构成上也得以充分表现。

文学作品是运用语言文字最为丰富和灵活的场所，作家使用文字的功力在一定程度上决定着故事情节的发展、人物性格的塑造、情感氛围的营造。中国小说创作巅峰的《红楼梦》，对文字的使用可以说到了精妙绝伦、登峰造极的地步。从贾府中的人名的偏旁部首便可见曹雪芹在运用文字方面的匠心独运，贾府一代代男丁的起名：贾演、贾源；贾赦、贾政、贾敬；贾琏、贾珍、贾环；贾蓉、贾芸、贾蔷、贾芹，不但使读者在小说众多人物中对其辈分有直观的认知，也从词源方面透显出不同辈分所处时代贾府的境况。同时，《红楼梦》还借用人名的谐音反映小说中人物的性格、命运以及作家对人物持有的不同态度，这些人名也与故事情节的发展有着千丝万缕的联系。贾府四个女儿的名字——元春、迎春、探春、惜春——首字连起来就是“元迎探惜”，曹雪芹借助四姐妹的名字发出了“原应叹息”的哀叹，预示着她们悲惨的人生命运。甄士隐的谐音是“真事隐”，贾雨村的谐音是“假语存”，这些名字深刻揭示了小说的主题思想。甄士隐的女儿甄英莲应了“真应怜”，导致英莲丢失的甄家仆人名叫霍启，暗示着甄家因此人而“祸起”，巧妙透显了小说故事情节的发展。小说中次要人物如妙玉（庙宇）、娇杏（侥幸）、冯渊（逢冤）、秦钟（情种）、蒋玉菡（将玉含）等都形象地暗示了他们的命运。同样，小说中的地名谐音也生动表达了作家的态度，大荒山和无稽崖代表着“荒诞无稽”，青埂峰暗示着“情根峰”，十里街意指“势力街”。此外，小说中借用物品名称也进行了谐音暗示，如万宴同杯意思是“晚宴同悲”，千红一窟暗指“千红一哭”，寓意着小说的氛围和人物的命运。

在汉译英的过程中，此类在外形和意义上都有特定内涵的人名的翻译确实给译者提出不小的挑战，主要表现在字形（偏旁部首）、字音和字义三个方面都需要兼顾，要想准确传译，着实需要译者的功夫。译界通天塔的传说暗喻了完全的翻译之不可能，完美的翻译是一项不可完成的任务，同时也说明了在一定程度上翻译就是一种制造缺憾的事业。作为译者，关键在于把这种缺憾降低到最小限度。

颜色词在文学作品中的运用也十分常见，不仅传递视觉上的色彩感受，更表现了着衣者的身份、品味以及作家力图传递的主旨。白居易在《琵琶行》中写道，“座中泣下谁最多，江州司马青衫湿。”白居易谪居江州为司马，官列九品，用“青衫”代称。唐代官制规定，六品、七品官身着绿服，八品、九品官身着青服，青与绿这样的色彩词与低微的地位这一文化内涵意义相关联。白居易的《忆微之》中也有“折腰俱老绿衫中”的诗句，“绿衫”即指官位卑微。“青衣”则为“婢女”的别称，是身份卑贱者穿的衣服。因此，在理解和传译过程中，需要特别关注词语的文化意涵和作家的创作语境，才能对原文有正确的把握，才能恰如其分地翻译其中的意涵。

“黄”这一颜色在汉语中的使用具有多种内涵。从颜色的层次看，现代汉语中表示“黄”的色彩词层次各有不同，尤其在秋季进入冬季的那段时期，层林尽染，尽显“黄色”所特有的语言表现力。中文中与“黄”字组成的词语非常多，如“奶黄”“土黄”“象牙黄”“菊黄”“蜡黄”“杏黄”“柿黄”“鹅黄”“琥珀黄”等。可以说，这些颜色有的色泽相差很大，给人造成的视觉感极为不同。从表述方面看，由于这些色差在不同人眼里产生不同的效果，因而语言表达时的选词也有不同。翻译此类颜色词时，一要译者平时的积累，二要查阅相关工具书，以便做出准确的选择。

翻译颜色词，还需要关注其本身带有的文化内涵或褒贬色彩，同一色彩在中英文当中可能存在巨大的差异。在中文中象征吉祥、好运的红色，在英文中“red”则带有暴力血腥的气息。中文中的黄色既有高贵的含义，又有下流猥亵之意，英文中“yellow”则带有怯懦胆小的意涵。蓝色在中文中有宁静安谧之意，而英文中的“blue”则有抑郁悲伤的含义。《红楼梦》最为知名的两个译本分别是杨宪益、戴乃迭夫妇译本和英国译者大卫·霍克斯译本，他们对于颜色词的处理存在很大差别，单从小说书名的翻译就可看出两译本译者的不同翻译策略，杨译本的英文书名是 *A Dream of Red Mansions*，霍克斯译本的书名是 *The Story of the Stone*，即《石头记》，前者保留了颜色词意象，后者则转换成其他意象。动物类、数字类词语也面临着类似的情况，汉英翻译过程中，对于此类富有文化联想的词语的翻译要变通处理，因为这类词语的中英文并非是一一对等的关系，而且会因其文化背景而引发读者的不同联想。

中国人重饮食的民族习惯在语言表达上也体现得淋漓尽致，《贞观政要》指出，“国以人为本，人以衣食为本，凡营衣食，以不失时为本。”[①] 中文中带“吃”字的表达几乎可以运用在诸多其他方面，“吃苦”“吃亏”“吃官司”“吃力”“吃重”“吃紧”“吃劲”“吃惊”“吃香”“吃醋”“吃大锅饭”“吃闲饭”“吃老本”“吃闭门羹”“吃一堑，长一智”都是耳熟能详的词语，都属于此类以“吃”表达其他思想内容的词语。而且由“吃”这一行为也可以引发与之相关的其他字词，如“尝”“食”“品”“嚼”“咬”“吞”“咽”“啃”“舔”“噬”“咀”“吸”“饮”“喝”“服”“灌”“酌”等表示人们饮食的各种动作。汉英翻译时需要特别区分英语中此类内容的相关表达，才能到位地传译原文的信息。英文中除了“eat”（吃）、“dine”（就餐）之外，还有表示不同吃法的其他单词，如“gnaw”（啃）、“devour”（狼吞虎咽）、“slurp”（咂咂地吃）、“guzzle”（狂饮）。根据语言学翻译理论，翻译的过程就是寻找对等词的过程。在翻译带有明显中文意涵的字词时，译者应该关注上下文和文本之外的语境，尤其要注意所译字词是否带有特定的文化联想，确定这些字词在译入语文化中有无文化缺省现象，从而找到能够在语义和文化元素方面都能对应的英文词语进行表达。选择对等词是译中阶段的第一步，选词时应把词义、褒贬色彩、语域等维度综合考虑在内，合适的选词对译文表达和风格都起着重要的作用。可以说，这种可以联想到

① 滕帅，李明译注，《贞观政要》，长沙：岳麓书社，2014，第 327 页。

"吃"的俗语在中文里举不胜举，非常生动形象地展现出"吃"的词族所具有的丰富内涵。

关于"吃"的四字词组或成语也司空见惯，如"吭吭吃吃""狼吃幞头""争风吃醋""坐吃山空""自讨苦吃""好吃懒做""靠山吃山""靠天吃饭""寅吃卯粮""吃喝玩乐""吃着不尽""省吃俭用""大吃一惊""吃哑巴亏""吃惊受怕""缺吃短穿""吃穿用度"。很少有哪种语言像汉语这样拥有如此丰富的与饮食文化有关的表达。除了日常生活中的用语，在各类文本中都可以看到"吃"字用语的广泛使用。毛泽东在《湖南农民运动考察报告》中写道，"革命不是请客吃饭。"明朝施耐庵的《水浒传》（第三十三回）里也有"吃饭防噎，行路防跌。"清代诗人袁枚在《随园诗话·卷十三》写道，"读书如吃饭，善吃者长精神，不善吃者长痰瘤。"可以看到，"吃"既是日常生活中的常用语，也是文字表述中的惯常用语。

中文中的"吃"族词语异常丰富，如果直接转译为英语的"对等词"，大多表现不出原文中的表达力。而且英文中"eat"的使用并不如中文的"吃"那样频繁，因而并不是"吃"的对等词。在处理这些具有较强文化底蕴和丰富文化内涵的词语时，就特别需要译者关注词语背后的文化元素，借助文化和语言储备进行灵活变通的转译。因此，译者所处理的并非表面的"文字"，而是其背后蕴含的"文化"。要将这些文化意蕴传递到位，对译者的语言功力有着极高的要求。

许多语言的文字都有性别区分，即通常的"阴性词"和"阳性词"，这源于社会客观现实及人们对这一现实的认知。在注重"阴阳"的中国文化中，这一现象尤为突出。曾经流行于湖南永州市江永县上江圩镇的"女书"（"女字"）被称为世界上唯一的女性文字，具有象征女性的功能。2006 年，女书被列入第一批国家级非物质文化遗产名录。

从汉英翻译的角度看，这些富有丰富性别色彩的词语尤其是专有名词、习语俗语的翻译，是译者传递中国文化元素的重要维度，在译文中进行妥当的处理会在很大程度上增强译本传递效果，实现中国文化传播的翻译目的。中国文化不但要走出去，而且要走得好、走得远，这就特别要求译者发挥主观能动性，在这些富含文化信息的字词和用语方面多下功夫，充分利用中国文字的优势，有效地通过文字向外国读者传递中国文化元素，讲好中国故事。

三

中文语言现象

语言是社会组织的产物，随着社会的发展而演变，因而语言也具有时代性。语言并非孤立的存在，而是和多方面有着千丝万缕的联系。历史上，语言在人类发展过程中曾经发挥过重要的作用。凭借语言材料，我们可以考订文化元素所处的年代；根据地名，我们可以估测民族迁徙的踪迹；根据姓氏，我们可以追溯民族来源；根据亲属称谓，我们还可以考察婚姻制度。整体上看，语言在不断发生着变化，但语言的变迁比文化的变迁要缓慢得多，文字的变迁比语言的变迁更为缓慢。有些文化因素早已变了，但其蜕形仍在语言文字里保存着，人们可以从中一窥社会发展过程中文化的演变和蜕变。

汉语表现出显著的区域性特点，是一种多方言的语言形式，地域文化在方言中得到淋漓尽致的表现。不同地区的地形地貌、历史渊源及文化形态都能在一定程度上体现不同方言的特征。由于当前社会的迅猛发展、网络技术的飞速进步，对方言的冲击很大，造成一些地区方言面临着讲方言的人数和区域呈现明显下降的趋势，甚至出现了方言危机，造成某些方言濒临灭绝的危险，因而对方言的保护也日益提上了国家语言组织的日程。

汉字构成的三个要素是音、形、义，即字音、字形和字义。字音是汉字的读音，通过汉语拼音规则给汉字标音。字形是汉字的结构，譬如左右结构、上下结构、半包围结构。字义是汉字的释义，即汉字所能表达的含义。可以说，汉字是音形义三位一体的文字。汉语是音、形、义皆美的语言形式，其语言成分包含语音、语素、语义这三个主要层面。语音是指人类通过发音器官发出来的、负载着一定意义的、目的是用来进行社会交际的声音。语音是语言的声音，是语言的物质外壳，是语言符号系统的载体，是和意义紧密结合的语言成分。在汉语的音、形、义三个基本属性当中，语音是第一属性，人类的语言首先是以语音的形式形成，呈现出口头表达的语言形态。世界上有无文字的语言，但没有无语音的语言，语音在语言中起决定性的支撑作用。每种语言的语音都有其系统性和特有的属性。语音的物理基础主要有音高、音强、音长、音色，这也是构成语音的四要素。

语素是语言学术语，指语言中最小的音义结合体。换言之，一个语言单位必须同时满足三个基本条件——音形义，而“有音、有义、最小”的单位才能被称作语素，尤其是“最小”和“有义”是最关键的要素。语素不是独立运用的语言单位，它的主要功能是作为构成词语的材料。把语素说成是语音、语义的结合体，是有意义的语言单位，目的是把它跟音节区分开来，有些音节光有音却无意义，不能看作语素，如“雳”“馄”。把语素说成是最小的有意义的语言单位，不属于独立运用的语言单位，目的是把它跟语词区分开来。语素有三种构词方式，单音节语素是构词由一个字才有意义的词组成，双音节语素是构词由两个字才有意义的词组成，多音节语素是构词由两个字以上才有意义的词组成。

语言所蕴含的意义就是语义。简言之，符号是语言的载体，其本身没有任何意义，只有被赋予含义的符号才能被使用，这时候语言就转化为信息，而语言的含义就是语义，语义可以被视为现实世界中的事物所代表的概念的含义以及这些含义之间的关系。语义是对符号的解释，具有领域性特征，而语法则是对于这些符号之间的组织规则和结构关系的界定。

语音象征手段是文学创作中使用的一个重要手法，其韵律性可以使诗体表达取得较好的艺术效果。《声声慢 · 寻寻觅觅》是宋代女词人李清照的作品，词人通过描写残秋的所见、所闻、所感，抒发自己因国破家亡、天涯沦落而产生的孤寂落寞和悲凉愁苦的心绪，作品具有浓厚的时代色彩。“寻寻觅觅，冷冷清清，凄凄惨惨戚戚”，这首词的开头连下十四个叠字，形象地抒写了词人的心情，叠音字彰显出明显的节奏感。下文“点点滴滴”又前后照应，表现了词人孤独寂寞的忧郁情绪和动荡不安的心境。在结构上打破了上下片的局限，一气贯注，着意渲染愁情，如泣如诉，感人至深。全词一字一泪，风格深沉凝重，哀婉凄苦，极富艺术感染力。

《琵琶行》是唐代诗人白居易的长篇乐府诗之一，通过对琵琶女高超的弹奏技艺的描写和悲凉身世的叙述，诗人揭露了封建社会官僚腐败、民生凋敝、人才埋没等诸多不公平的社会现象，表达了对琵琶女的深切同情，也抒发了诗人对自己无辜被贬的愤懑之情，展现了“同是天涯沦落人”的苦闷与感慨。该诗从“送客”起笔，继而写了“寻声”“邀弹”“询问”“诉衷”“感慨”等一系列互相关联、层层推进的情节。这些情节各自形成一个独立画面，合则是一篇完整和谐、结构严谨的诗篇。全诗主题鲜明，脉络清晰，情感真挚，文辞优美。语言所传递的生动形象赋予作品高度的概括力，而且转关跳跃，简洁灵活，“大弦嘈嘈如急雨，小弦切切如私语。嘈嘈切切错杂弹，大珠小珠落玉盘。”文字中透出强烈的韵律感，“千呼万唤始出来，犹抱琵琶半遮面。”“别有幽情暗恨生，此时无声胜有声。”“同是天涯沦落人，相逢何必曾相识。”语句凝练优美，印人心扉，人物形象跃然纸上，整首诗脍炙人口。

中文文字的特点，不仅表现在旋律节奏，还表现在表达顺序。宋代李禺的回文诗《两相思》，顺读是夫忆妻，倒读则是妻忆夫。这首回文诗体现了诗人的独具匠心，也展现了中文的独有特色。

两相思·夫忆妻

枯眼望遥山隔水，往来曾见几心知？
壶空怕酌一杯酒，笔下难成和韵诗。
途路阻人离别久，讯音无雁寄回迟。
孤灯夜守长寥寂，夫忆妻兮父忆儿。

两相思·妻忆夫

儿忆父兮妻忆夫，寂寥长守夜灯孤。
迟回寄雁无音讯，久别离人阻路途。
诗韵和成难下笔，酒杯一酌怕空壶。
知心几见曾来往，水隔山遥望眼枯。

这样的文学意趣恐怕只有在中文这样的表意文字中才能得到展现，在翻译中很难实现两全其美的译文。如果对照英文类似语言现象，我们可以看到如“deer—reed”“doom—mood”“loop—pool”“dam—mad”“keep—peek”这样的词语对应，也可以看到“Shall we all die? We shall die all. All die shall we? Die all we shall.”这样的墓铭志。从汉英翻译的角度看，处理此类回文或双关语或音律，对译者而言着实是个极大的挑战。这就出现了亘古以来一直争议的“可译性”或“可译性限度”的话题。实际上，翻译史上关于“不可译”的讨论，大都局限在语言的形式上，涉及字形、发音及独特的表达形式，使得翻译呈现出极大的局限性。文学作品中最“不可译”的现象出现在诗歌的翻译中，唐诗宋词便是其中最为显著的例证。

其实古人早就看到了语言的局限性，“听其言，更要观其行”就是对语言表达力的怀疑，对言行不一的质疑。解构主义思想观包含着对人类语言传播的怀疑，对于语言所构建的人类知识体系与思维体系的怀疑及批判。解构主义翻译观从本质上挑战了传统译论中“忠实传递原文”和“译者处于从属地位”的思想。在语言翻译的实际过程中，任何翻译都无法做到对语言的真正或完全的传达，只能是一种重新的解构与重构。译者对原著的诠释过程中，本身就蕴含着多重诠释视角，也呈现出不同的理解程度。这其实不仅是语言有限性的表现，也是译者表现力的有限所致，同时也是原作对译者的制约。因此，译者所能做到的就是尽力把原文的意旨传译出来，抑或是依照解构主义或德国功能派的思想，考虑译文接受者的语境和翻译宗旨，在译入语文化中实现翻译的目的。

四

中国文化的主要观念

文化本身就是一个复杂的概念，其实并没有固定的界定。文化是社会生活的总和，涵盖面极广，把整个社会生活的方方面面都纳入其中，包括知识、信仰、艺术、道德、法律、习俗和习惯等。一般而言，文化分为广义和狭义两种，广义的文化泛指各种物质文化和精神文化，狭义的文化则专指精神文化，主要包括科学、教育、政治、文学、艺术等分门别类的领域。如果我们对文化进行深度思考，就会发现，文化可以包含任何社会的全部生活方式，除了那些高雅精致的阳春白雪式的生活方式，还包括各种下里巴人式的世俗行为方式。从文化研究的视角看，阳春白雪和下里巴人的生活方式其实并没有高下之分。从语言的角度透视文化，可以看出语言的背后是有文化存在的。换言之，没有无文化的社会，甚至没有无文化的个人。每个社会，每个个体，不管是否受到正规教育，其内部都蕴含文化的因素。有知识无文化，是司空见惯的一个说法，在一定程度上体现了人们对知识与文化的区分。

文化有自身的系统结构及类型，"文化质点"是文化系统的基本单位，许多有共性的文化质点聚合成"文化结丛"，许多有联系的文化结丛进而形成"文化模式"，在较大的时空范围内，还可以进一步形成"文化圈"或"文化地带"。在这些文化圈内部，每个民族的文化带有自身的文化特性，有其凝聚力、传统性和连续性。社会中有主流文化和亚文化系统，只是在不同社会形态中体现的程度不同而已。

大体而言，先秦是中国文化的萌发与争鸣时期，汉魏六朝是中国文化的一统与多元时期，唐宋是中国文化的成熟与辉煌时期，明清则是中国文化继往开来的时期。中国传统社会文化的总体概貌是天道有常，《道德经》第二十五章提到“周行而不殆”。《荀子·天论》的“天行有常，不为尧存，不为桀亡”，认为大自然的运行有其自身规律，这个规律不会因为尧的圣明或者桀的暴虐而改变。这些思想揭示了自然界的运动变化有其自身的客观规律。《文心雕龙》中有“文律运周，日新其业”的文学史观，体现了刘勰“通变”论的基本思想。“通变”一词来自《周易》，“穷则变，变则通，通则久。”“通”即继承，“变”即“革新”。这种在客观现实基础上的变通思想，一直贯穿于中国文化思想的总体发展进程。刘勰对文学发展最可贵的认识就是“日新其业”，即文学规律是不断发展变化的，是不受主观影响而客观存在的必然规律。

中国古代文化审美教育强调教化，突出学校人文美育培养及家庭人文美育熏陶，突显道德至善的人格境界。这种观念在《礼记·大学》中得到明确彰显，“大学之道，在明明德，在亲民，在止于至善。”体现了修身齐家治国平天下的思想，实质上是期冀最终实现整个社会的道德至善境地。推己及人的儒家思想与道法自然和无为而治的道家思想互补，结合中国的佛教禅宗理念，从而形成了独特的中国文化观念。这些内容在中文语言中也得到了充分反映，譬如佛教思想在文字上的表现：诸行无常，诸漏皆苦，诸法无我，涅槃寂静，在思想演变过程中丰富了中文的语言表达，也逐渐成为中文语言的有机组成部分。

在中国的传统观念中，“和谐”观念一直受到人们的推崇，始终被当作社会普遍的价值观念，“天时不如地利，地利不如人和”“家和万事兴”“和气生财”，这些是人们生活中耳熟能详的表达。人和是指人际关系的和谐，上下一心，众志成城，这些习语深刻揭示了中国文化中对“和”的重视。中文中不仅有很多表示和谐的词语，如“谦和”“和婉”“和蔼”“和谈”“谋和”“和洽”“和睦相处”“和颜悦色”“和风细雨”，而且在语言表现形式上也体现了和谐之观念。中国哲学和文学作品中的一些语言结构、文学形式以及修辞手段等表达形式，淋漓尽致地表现了和谐观念。

“不在其位，不谋其政。”出自《论语·泰伯》，强调归于本位，安分守己，这是儒家一贯的处世态度，以避免僭越之嫌，违礼之举。《论语·宪问》中曾子曰：“君子思不出其位。”强调君子所思虑的不超越自己的职权范围。根据儒家观念，正确的态度应该是：在其位，谋其政。从修辞手段讲，这是对偶表现手法，其语言结构和表达形式呈现出和谐的态势。

“生则天下歌，死则四海哭。”出自《荀子·解蔽》，是对明君的颂扬，他们活着的时候万人称颂，死去的时候普天同泣。这里采用对偶的手法，用“生”对“死”，用“歌”对“哭”，用“天下”对“四海”，结构对称，意思对应，在语音和意义上都形成了和谐之美。

排比句式也是语句和谐的一种重要形式，出自乔梦符《扬州梦》杂剧第一折的“天有情，天亦老；春有意，春须瘦；云无心，云也生愁。”不仅在语句上构成了结构的平衡之美，而且在视觉上还形成了形式之美，读起来朗朗上口。这是文学作品中体现的文字和谐之美。

这种排比句式也出现在表达思想的哲学类文本中，《孟子·公孙丑》就有这样的语句：“无恻隐之心，非人也；无羞恶之心，非人也；无辞让之心，非人也；无是非之心，非人也。”可见其思想性和艺术性的完美结合，不仅传递出层层递进的思想内涵，还具有强烈的节奏感，读起来具有强烈的韵律感。

诗歌中尤其注重语音的和谐性，除了常见的押韵之外，由语音产生的双关表达也增强了诗歌表达的美感与艺术穿透力，有“诗豪”之称的唐代文学家刘禹锡的《竹枝词》就充分表现了这种和谐性。

杨柳青青江水平，闻郎江上踏歌声。
东边日出西边雨，道是无晴却有晴。

这是刘禹锡《竹枝词》组诗的一首，诗人借用初恋中少女的口吻传达了美妙复杂的心理活动。诗中的“无晴”与“有晴”形成映照，构成巧妙的隐喻，同时“晴”与“情”的谐音，也是语义双关的极佳例子，把江上的晴雨天气与少女迷惑、眷恋和希望的心理描绘了出来。这种谐声的双关语基于联想丰富的生动比喻，借助于眼前的景物，明确又含蓄地传递出了美妙的情感。近代知名学者、诗人俞陛云曾在《诗境浅说》中写道，“此首起二句，则以风韵摇曳见长。后二句言，东西晴雨不同，以‘晴’字借作‘情’字，无情而有情，言郎踏歌之情，费人猜想。双关巧语，妙手偶得之。”[①]类似的写作还见于以爱情

① 俞陛云著，《诗境浅说》，北京：北京出版社，2003，第224页。

为题材的《子夜歌》，如“始欲识郎时，两心望如一。理丝入残机，何悟不成匹。”这里的“丝”谐音“情思”的“思”，“匹”本为“布帛宽二尺二寸为幅，长四丈为匹”。这里谐音“匹配”的“匹”。对译者而言，翻译起来则很难，形式上的对等不易做到。

在数字运用方面，也透显出中国文化中重偶数的和谐观念。中国人推崇偶数，因为偶数象征着平衡、和谐与圆满。古代诗歌讲究对偶，古代建筑着重对称，结婚选择偶数的时日，点菜也要点双数。就连生活用语中也常见到“好事成双”“文武双全”“和合双全”这类含有褒扬和祝福的词语。

在中国传统观念中，人们还特别看重身份价值观，即看重社会等级身份和人格身份以及政治制度和家族制度中的身份。早在周代礼制中，人分为“十等”：王、公、大夫、士、皂、舆、隶、僚、仆、台等。评价一个人的价值往往要看其身份。听取意见，也是根据提意见的人的身份和地位有无权威性，因而“人微言轻”。从历史上看，在法律面前，身份的价值更为重要，古代就有“礼不下庶人，刑不上大夫”的规矩。这些都在不同层面展现了传统思想中的身份观念。

称谓是社会生活中人们依据社会关系或者身份、职业而确立的称呼，因而称谓多种多样。从称谓看身份，也可分出三六九等之人。古代的官衔有丞相、太尉、御史大夫、郎中令、大理、将军、尚书、刺史、县丞、枢密使，不同称谓代表不同的身份和地位。“官”最早见于甲骨文，是会意字，原指临时驻扎的兵营，后引申为旧时在官府中任职的人员。在官本位观念的影响下，中文中以“官”为核心的复合词也俯拾皆是，如“官方”“官僚”“官员”“官爵”“官职”“宦官”“考官”“文官”“武官”“判官”“长官”“副官”“官邸”“官府”“官场”“官腔”“官运”。

人格身份多体现在人格身份词上，如“好人”“坏人”“恶人”“善人”“能人”“强人”“伟人”“哲人”“大人”“名人”“下人”“仆人”。人格身份词大多体现的是道德、职业、地位等方面的内涵，在书信体中使用的敬称词，如敬叩、恭叩、敬颂，其实也表现了这种身份差异观念。中国社会中有强烈的等级观念，三六九等人的身份在这些人格身份词里得到充分表现。

中国传统家庭观重视壮大兴旺家族，在中文中此类观念的表达用语非常多，如“多子多孙”“子孙满堂”“四代同堂”。尽孝是大家族中极为推崇的做法，是稳定家庭伦常关系的表现。《弟子规》第一篇是“入则孝”，中文里的“敬老慈幼”“长幼有序”体现的都是这种老幼尊卑观念。晚清近代著作《围炉夜话》也认为“百善孝为先，万恶淫为源。常存仁孝心，则天下凡不可为者，皆不忍为。”“孝”的观念在哲学和文学经典中有诸多表述，《孝经》中写道：“夫孝，德之本也，教之所由生也。”“立身行道，扬名于后世，孝之终也。”“孝子之事亲也，居则致其敬，养则致其乐，病则致其忧，丧则致其哀，祭则致其严。五者备矣，然后能事亲。”《诗经》中记载，“哀哀父母，生我劬劳。蓼蓼者莪，匪莪伊蔚。哀哀父母，生我劳瘁。瓶之罄矣，维罍之耻。”《论语·为政》也认为，“今之孝者，是谓能养。至于犬马，皆能有养；不敬，何以别乎。”中元节（农历七月十五日）源于道教的“三官”之说，即上元天官、中元地官和下元水官，从北魏时期延续至今，是传统的敬祖尽孝的节日。

中国人的婚姻观也是体现中国文化的一个独到维度，传统婚姻观中的包办婚姻形式体现着遵循父母之命、媒妁之言的理念，在中国历史上很长的时期左右着中国婚姻的大势。随着社会的发展和进步以及西方的影响，中国社会的婚姻观发生了很大变化。但中国婚姻中有两个现象仍然值得关注，一是彩礼，二是闹洞房。彩礼是从古代社会流传下来的一种形式，现代社会的彩礼其实就是六礼中“纳征”的延续，主要是男方向女方支付的钱物。适当的彩礼表现的是双方的诚意和婚姻的礼节，但索要高额彩礼的行为是中国社会不提倡甚至批判的做法。

闹洞房是中国传统婚俗，最早出现于先秦时期。古人闹洞房，取辟邪驱恶之意，又有融洽新人关系，表达宾客祝福之愿。闹洞房分文闹和武闹两种形式。《国风·唐风·绸缪》这首诗被认为是关于婚姻的诗歌，因诗中用了戏谑的口吻，曾疑为贺新婚时闹新房唱的歌，对于闹洞房的做法提出了质疑和批评。闹洞房的做法其实是在显在的层面体现了人们对婚姻的基本看法和期待，但闹洞房过程中的一些陋习应该予以摒弃。

古代人对“死亡”的理解和诠释表现在“鬼”和“灵魂”这类概念以及传统的鬼节这些方面。对鬼魂的理解、对死亡的思考、对灵魂的诠释，都是人们试图解读死亡这一无法逃避的人生阶段的努力，也是人们对人类终极关怀的关注。《说文解字》对“死”的解释是，“死，澌也，人所离也。”“鬼，人所归曰鬼。从人，像鬼头。鬼阴气贼害，从厶。”《礼记·祭法》中写道，“大凡生于天地之间者，皆曰命。其万物，死皆曰折。人死曰鬼。”这就是说，鬼只是人死的名称，犹如“折”是人以外的其他生物死的名称。持此信仰的人们认为人之死去，是“归”还大地，因“归”与“鬼”读音相近，所以称作“鬼”。“归土”之说，始见于《礼记·祭义》：“众生必死，死必归土，此之谓鬼。”《礼记·祭义》中宰我和孔子关于鬼神之事的对话，“子曰：众生必死，死必归土，此之谓鬼。骨肉毙于下，阴为野土。其气发扬于上为昭明。”中国古代很早就形成了“重死”的价值取向，把丧葬礼仪作为人生礼仪的一个重要部分。

语言学和社会学关系密切，从人们对“死”的不同称呼也可以看出中国古人的身份意识。《礼记·曲礼》记载：“天子死曰崩，诸侯曰薨，大夫曰卒，士曰不禄，庶人曰死。”《新唐书·百官志》也有记载：“凡丧，三品以上称薨，五品以上称卒，自六品达于庶人称死。”中国文化推崇舍生取义，为国家道义舍生而死被称为“殉”。《孟子·尽心章句上》中有“天下有道，以道殉身，天下无道，以身殉道。”的记载。

死亡话题与文学创作密切相关，是文学艺术作品的重要内容。当代作家余华的《活着》蕴含着丰富的传统文化内涵，小说描写了主人公徐福贵在变革中的坎坷经历和不幸命运，到最后所有亲人都离他而去，仅剩下年迈的他和一头老牛相依为命。小说借助刻画“死亡”而凸显“活着”，体现了“祸兮福之所倚，福兮祸之所伏”的道家福祸相依的思想。主人公对人的“恕”和对命运的“恕”，对人生中的不幸和苦难的那种逆来顺受的忍耐力，与自己的最终和解，也体现了儒家的“恕”思想，表现了儒家顺天知命的人生态度，这正是中国传统观念中人们对命运的面对和接受。

中国人一向重视饮食文化，“民以食为天”的思想充分展现了中国社会中的这种价值观。在传统观念中，饮食不仅仅是人们填饱肚子、充饥的生活必需品，同时还蕴含着丰富的文化观念。饮食文化具有多种社会价值，表现为生存价值、礼仪价值、祭神价值、享用价值、调节心理价值、社交价值以及经济交易价值等不一而足。典礼仪式、民俗礼仪都离不开宴席，许多重要的节日如春节、清明节、中秋节、重阳节、婚礼、丧礼等都以宴席形式体现仪式感和节日的内涵，这些场合宴席上的食物是中国人饮食观念的集中体现。饮食与食者的价值观念紧密关联。虽然宴席的层次不同，但理念都很相似，功能都类似。国宴关涉到国与国之间的政治和外交，客户和友人的接风和饯行，体现的是普通人的公关活动和社交礼仪。

在中国语言中，与吃相关的词汇极为丰富，并引申到社会生活的其他方面，赋予词语强大的表达力，并有生动且丰富的含义，上文在讲“文字的功用”时已经提到这个方面。“吃亏”“吃苦”“吃官司”“吃力”“吃重”“吃劲”“吃惊”“吃紧”“吃香”“吃醋”“吃大锅饭”“吃老本”“吃闲饭”“吃闭门羹”“吃一堑，长一智”都是司空见惯的词语，既可以指人们生活中的遭遇，也可以指人们的感受及所处的状况，已经远远超越“吃”的基本义，具有极强的表达力，蕴含着丰富的语义和思想。

从中文菜名上，一则可以一窥中国菜肴之丰，二则可以透视中国语言表达力之强，有展现食品成分或烹饪法的菜名，如“梅菜扣肉”“香菇里脊”“生煎肉饼”“芝麻牛排”“粉蒸排骨”；有彰显审美意识的菜名，如“长生粥”“贵妃红”“水晶龙凤糕”；既有写实手法的菜名，如“蒸火腿块”，也有写意手法的菜名，如“龙湖斗”“霸王别姬”“全家福”；有以人名命名的菜名，如“东坡肘子”“麻婆豆腐”；有以历史、神话、民俗命名的菜名，如“鸿门宴”“鲤鱼跳龙门”“桃园三结义”“八仙盘”，从这样的菜名中可以看到丰富的中国文化内涵。从汉英翻译的视角看，中国饮食的翻译对译者而言着实是极大的考验，需要译者具备高度的识别力和语言水平。“狮子头”如果直译肯定会让食者望而生畏，这种文化信息的传播带有浓郁的文化色彩，要求译者具有高度的文化自觉，尊重不同文化中的习俗。在中文表达中，重饮食的文化心态使得许多与饮食无关的语词成为饮食文化的扩散词汇，赋予其丰富的表达含义。表示味觉的“酸甜苦辣”在中文中的意义扩散就是典型的例子。

《说文解字》中写道，“酸，酢也。从酉、夋声。”“酸”是形声字，“酉”表意，“夋”表声，该字本意指酒发酢散发出像醋的气味或味道。由“酸”组成的词语“酸楚”“悲酸”“辛酸”“寒酸”“穷酸”“酸溜溜”，用于表现生活中的某种悲惨处境或心境。文学作品中可以用来描写人物特征，宋朝苏轼的《约公择饮是日大风》里有“要当啖公八百里，豪气一洗儒生酸。”的描写，以豪迈的气魄荡尽了儒生的酸腐气。曹雪芹《红楼梦》的回目“苦尤娘赚入大观园，酸凤姐大闹宁国府”，用“酸”字生动刻画出了凤姐妒忌的艺术形象。此外，苏轼以“八百里”入诗，辛弃疾以“八百里”入词（《为陈同甫赋壮词以寄之》中的“八百里分麾下炙”），“八百里”出自《世说新语·汰侈》：晋王恺有良牛，名“八百里驳”，后世诗词多以“八百里”指牛。由此可见，中文诗歌中丰富的典故和生动的形象，在汉英翻译中也是一大挑战。

《说文解字》中对“甜”的解释：“甜，美也。从甘，从舌。舌，知甘者。”“甜”是会意字，“甜”字篆文左边从“甘”，右边从“舌”。“甘”是“甜”的本字，表示口腔、舌头所体验到的舒服、美妙的味觉。汉张衡的《南都赋》中写道：“酸甜滋味，百种千名。”宋朝杨万里的《夜雨不寐》一诗中也写道：“更长酒力短，睡甜诗思苦。”“甜”字引申为表示人的性格或特征，多用于四字词组或成语，如“嘴甜心苦”“甜言蜜语”“忆苦思甜”“心甜意洽”。

《说文解字》中对“苦”的解释：“苦，大，苦苓也。从艸古声。”“苦”是形声字，由“艹”和“古”字组成，“艹”表义，是指一种草本植物。“古”是“苦”的声符。“苦”的本义是指苦菜，即荼，如《诗经》中说“采苦，采苦，首阳之下”。《孟子·告子下》中也有“故天将降大任于是人也，必先苦其心志，劳其筋骨。”的记述。“苦”字组成的词语很多，如“苦难”“困苦”“苦楚”“苦脸”“愁苦”“苦痛”“苦相”“苦口婆心”“苦心孤诣”都表达了此意。

“辣”是形声字，从辛、从束。“辛”表意，表示辛辣味。“辣”组成的词语有“泼辣”“火辣辣”“热辣辣”“酸甜苦辣”“心狠手辣”，生动形象地表明了此类事物的特点。鲁迅在《伪自由书》中写道，“辣椒虽辣，辣不死人。”毛泽东也有“不吃辣椒不革命”的名言。

同样，“煎、熬、炒、烩、熏”等表示食物烹饪方法的词语在生活用语中也频繁出现。

“煎”是形声字，字从火，从前。“前”意为“打尖”“尖头”。“火”与“前”联合起来表示“火苗”。“熬”是形声字，从火，敖声。本义为干煎或干炒。《说文解字》的解释是：“熬，干煎也。”“熬”的组词表达有“熬夜”“熬过严冬”“熬过这一关”“熬到了头”“多年的媳妇熬成了婆婆”。“煎”“熬”二字经常在一起使用，“煎熬”出自两汉刘向的《鲁共公择言》：“齐桓公夜半不嗛，易牙乃煎敖燔炙，和调五味而进之。”

“炒”是形声字，从火，少声，本义是“煎炒、火干”之意，引申词语有“炒作”“炒鱿鱼”“炒冷饭”。“烩”的组词有“大杂烩”。“烩”既是烹饪法，即把多种菜合在一起烩成，也比喻把各种不同的事物胡乱拼凑在一起的混合体。

“熏”是会意字，《说文解字》中说“熏，是火烟上出也，从屮，从黑，屮黑，熏黑也”。熏的本义是指火烟冒出，后引申指用火烟熏炙。“熏”的常见组词有“熏陶”“熏染”“利欲熏心”，意指气味浸润和侵袭。《尔雅》中的“炎炎，熏也。”意思是火烟向上冒起。白居易《首夏南池独酌》的“熏风自南至，吹我池上林。”意思是和暖的风。可见这些词在文学作品中也很常见，营造出独特的艺术氛围。

用食物名称描绘人物形象或其他事物，在生活语言和文学语言中都可见到。“柳叶眉”“杏核眼”“瓜子脸”“樱桃小嘴”“纤指若葱白”是用来描绘窈窕淑女面貌长相的常用词语。“瓜皮帽”“面包车”则是使用食物形象描写事物的常用表达。这类用语利用食物的形状生动刻画出了人物和事物的形象。

中国人也有强烈的乡土观念，在诗词中有明显的体现，如李白的“举头望明月，低头思故乡。”杜甫的“露从今夜白，月是故乡明。”贺知章的“少小离家老大回，乡音无改鬓毛衰。”文天祥的“臣心一片磁针石，不指南方不肯休。”苏东坡的“但愿人长久，千里共婵娟。”这些诗句无不表现了诗人对故乡的怀念和热爱，以及爱国之情。

这种乡土思绪在中文的四字词组和成语以及俗语中也多有体现，如“背井离乡”“流离失所”“叶落归根”“日出而作，日落而息”“在家千日好，出门一时难”，表现的都是一种共同的文化心理：故土是一种地域归属，也是一种文化归属。乡愁是心理因素、社会环境因素和传统文化因素等结合而成的产物。邮票、信件、电报、车票作为一种载体，带有强烈的象征意味。在中文的流行乐坛也可一窥其存在，如费翔的《故乡的云》、阎维文的《想家的时候》、王杰的《回家》、罗大佑的《乡愁四韵》、毛阿敏的《乡愁》。对照英语文化，可见英文歌曲中也有表达乡愁和思念的歌曲，*Take Me Home*，*Country Roads* 和 *500 Miles* 等都是大家耳熟能详的英文歌曲，其中蕴含着丰富的故乡情结。

以上考察了中国文化中的主流文化观念，这些文化观念背后存在着怎样的思维方式，是接下来需要思考的问题。汉字构形是以人为出发点建构观察系的思维方式，是一种主体投射形式，主体思维方式最为显著。这种思维方式不把客观世界和思维主体对立起来，不以外部事物及其客观性质作为思维对象，而是从内在的主体意识出发，按照主体意识的评价和取向，赋予世界以某种意义。“天地与我并生，而万物与我为一。”（《庄子·齐物论》）“万物皆备于我。”（《孟子·尽心上》），这种建立在主客体统一、人与自然合一意义上的主体思维方式，很自然地将主观理念和情感投射到自然界，使自然界具有人的特点。

汉民族的主体投射是一种内向思维，不是主客体对立意义上的主体投射，而是主客体统一、人与自然合一意义上的主体投射。这种投射方式不是把自然界对象化，在对象认识的基础上反思，而是认为世界内在于人而存在，认识了人自身，也就认识了自然界或宇宙的根本意义，于是反身内求，从主体自身寻求人和世界的普遍意义。通过自我反思、自我体验、自我直觉和自我证悟，穷尽人和万物的一切道理。西方民族的主体投射，是一种外向思维，其目的是认识世界、征服世界，满足外在的需要，其主体投射的深层前提是世界的对象化，甚至是人的对象化或物化。

文字的结构必然赋予经验以主体意识的特征，使之带有人的需要、人的态度、人的评价的色彩。文字构形要解决的不是事实问题，而是意义问题，即客体与人的关系问题。在一些情况下，甚至不是真假问题，而是价值选择和取向问题，即客体与人的情感需求的问题。林语堂谈到，你的心长在哪儿不重要，重要的是你的心是否正。这跟西方的精确的科学观念显然并非一个路径。同时，也要注意，中国文明是一种农业文明，传统农民以自耕自足的小农经济为本，这种经济基础形成了中国人讲究现实利益的文化心态。

从另一个视角考察主体投射，也对认识和解决当今社会的问题有一定的启发。目前社会上不同程度的信仰危机、物质至上、拜金主义、炫富等思想形态，对权力和金钱的畸形和盲目崇拜、跟风现象、兜售假货等做法，没有道德底线、没有敬畏之心等道德问题，都给社会带来一定的危害，也造成人的各种心理问题。如果能够真正领悟中国传统文化的观念，遵循社会主义核心价值观，就会有做人做事的原则和底线，就会君子爱财，取之有道，就会形成良好的社会风气，就会呈现崭新的精神面貌，就会出现和谐稳定的社会环境。

如果从汉英翻译的视角出发，概因上述这些逻辑思维的差异明显地表现在文字中，在汉英翻译时译者透过文字表象，厘清其中蕴含的逻辑，不但能够恰如其分地展现原文的思想，更能通过翻译的媒介讲好中国故事，传播好中国声音，向世界展示一个立体、全面的中国形象。

五

中国学术思想

从根源上讲，中国学术思想整体而言是哲学思想，因为中国文化的基本视角是哲学的视角。从内容上看，中国学术思想的特点是与其他文明的比照中凸显出来的，在文字、思维、文化这些维度都能看出诸多的不同。从字词的音形义来看，西方的字母文字割裂了与形象的直接联系，是纯粹记录语言的符号，长期形成了西方人较强的语言思维。中文文字的音、形、义的结合使得中国人长于形象思维，这在语言形式表现极为充分的诗词中可见一斑。总体而言，中西思维的这种特点，深刻影响了中西文化的不同气质。

孔孟之道、老庄思想、墨家学说、法家学说、汉代经学、魏晋玄学、宋明理学、清代朴学，历代哲人们的哲学思想和学说构成了中国文化的核心内容，也是中国学术思想的集中体现。中国哲学史上的三大流派儒、释、道都强调内心的反省、体验与觉悟，“吾日三省吾身”是儒家的修身手段，即强调反省对修身养性的重要性。王弼以老庄解易，认为“忘象者，乃得意者也；忘言者，乃得象者也。得意在忘象，得象在忘言。”这是古代对文学、艺术、修行境界的描述，是道家思想的体现。要想全方位地了解中国学术思想，就得从中国哲学思想入手进行考察。

儒家学派

孔孟之道堪称中国文化史上的第一学说，创始人是孔子，创立的学说是“儒学”。

"儒"最早是指在贵族中掌管道德教化、音乐礼仪的官员，如巫、史、祝、卜等。后来这些人在社会变动中逐渐分化，流落到民间。到孔子出现之后，因其弟子众多、影响扩大，"儒"就成了孔门弟子的专称。孔子创立的"儒学"经孟子、荀子等人的继承和发展，成为春秋战国时期影响最大的思想流派。

《论语》是春秋时期的一部语录体散文集，由孔子弟子及再传弟子编写而成，至汉代成书，主要记录孔子及其弟子的言行，较为集中地反映了孔子的思想，是儒家学派的经典著作。《论语》全书共 20 篇、492 章，首创"语录体"，是我国现传扬并学习的古代著作之一。《论语》以语录体为主，叙事体为辅，集中体现了孔子的政治主张、伦理思想、道德观念及教育原则。到汉武帝时代，儒学被推上独尊地位，指导中国社会生活长达数千年之久。南宋理学家朱熹将《论语》和《孟子》、《大学》、《中庸》称作"四书"并列入儒家经典，大力宣传儒学，对汉民族心理素质的塑造和道德行为的规范都起了重要作用。《诗经》、《尚书》、《礼记》、《周易》、《春秋》并称"五经"。

孔子（公元前 551 年—公元前 479 年），名丘，字仲尼，春秋时期鲁国人。因排行第二，后人亦称"孔老二"。孔子的一生中，除了中年一度做过鲁国的司寇和周游列国以外，主要是授徒讲学，号称"弟子三千，七十二贤人"。孔子述而不作，弟子们整理的《论语》集中反映了孔子的思想。"半部《论语》治天下"这一典故据说出自宋朝林駉所撰的《古今源流至论》前集卷八《儒吏》:"赵普，一代勋臣也，东征西讨，无不如意，求其所学，自《论语》之外无余业。"在这句话的下面有个注，"赵普曰:《论语》二十篇，吾以一半佐太祖定天下。"这里说的"赵普"就是辅佐宋太祖赵匡胤取得政权并治理国家的一代名相赵普。可见当时那个时代对《论语》中的政治思想的肯定和推崇。

《论语》也蕴含着丰富的管理思想。中国是儒家文化的发源地，但较早借鉴儒家思想进行管理的却是日本企业界。日本现代企业制度即株式会社的创始人涩泽荣一认为《论语》是"工商之本",并一直将《论语》奉为"商业圣经"。涩泽荣一的专著《论语与算盘》表达了这样一个核心思想:《论语》讲究忠、孝、仁、义，算盘则言商求利，二者并不矛盾，关键是要做到"见利思义"。这种解读不仅生动体现了儒家思想在管理界和商界的运用，还充分说明了这一哲学思想所包含的多重价值。

《论语》的这种丰富性源于其核心关注点，整部《论语》的重点完完全全都在于"人",

说的是生活在社会中的现实的人。孔子对人的问题非常关注，即使是关注物，也是以人为出发点。这正是孔子思想的闪光点，也是孔子思想的显著特色。概括起来，孔子的中心思想实际上就是个“仁”字，该字的意义几乎包含了人所企及的所有美德。由“仁”出发，孔子提出一套修身达仁的伦理观念和道德教化的政治观念，这种思想由家庭而到社会，由社会而到国家，也就是由小到大、由内及外，对人的伦理规范和道德理念进行了规定，《大学》里提出的“修身、齐家、治国、平天下”完美地诠释了这一理念。孔子及其后世传承者的诸多表述可以充分展现《论语》关于“仁”的思想的内涵。

《中庸》记载：子曰：“仁者人也，亲亲为大。”孔子认为仁就是爱人，将爱父母亲放在首位。“亲亲为大”是儒学“爱人”与其他学派“爱人”的一个重要区别，《墨子·兼爱》提出“兼相爱，交相利”，基督教倡导“博爱”，佛教倡导“爱众生”，可见其他学派均倡导无等差的爱，而儒学倡导的爱是有等差的，“亲亲为大”要把爱自己的家族放在前面，首先要爱父母，其次是爱兄弟，即“友于兄弟”，其次是爱朋友，又其次是“泛爱众”。爱人即为仁的实质和基本内容，而此种爱人又是推己及人，由亲亲而扩大到泛众。因此，这种理念更为符合人性和伦理，也就更能为统治者和普通民众所接受。这也是儒家思想能够一统天下，并能统治中国社会数千年的根本原因。

孔子之后的儒家代表人物孟子也提出“仁者爱人”的思想，在《孟子·离娄下》第二十八章中有记载，“君子所以异于人者，以其存心也。君子以仁存心，以礼存心。仁者爱人，有礼者敬人。爱人者，人恒爱之；敬人者，人恒敬之。”其核心思想是人与人之间要彼此相爱。这里所强调的是人要充满慈爱之心，要具有大智慧，要善良，这就是“仁”的应有之义。由此孟子倡导“仁政”，最早提出“民贵君轻”的思想。孟子被韩愈奉为先秦儒家继承孔子“道统”的代表人物，到了元朝，孟子被追封为“亚圣”。《孟子》的多个篇目还被编入中小学语文教科书中，如《鱼我所欲也》、《得道多助，失道寡助》、《寡人之于国也》和《生于忧患，死于安乐》等，这些语篇中体现的思想其实都是基于其“仁”的基本观念。

儒家“仁”的观念的核心体现就是“爱人”，在儒家学者看来，用来爱人的方式就是“推己及人”，这里包含两个层面的含义。一方面是“己欲立而立人，己欲达而达人”，把自己想要得到的好处也给予别人，这是儒家思想“仁”的具体体现，也是儒学最具代表性的思想。这句话出自《论语·雍也》，“夫仁者，己欲立而立人，己欲达而达人。能近取譬，可谓仁之方也已。”所谓仁，就是自己要立足，也让别人立足；自己要通达，也让别人通达。也就是说，自己要步步站得稳，须知他人也要站得稳，所谓立也。自己要处处行得通，须知他人也要行得通，所谓达也。在自己谋求生存发展的同时，也要帮助他人能够生存发展，不能只为了满足自己的欲望而忽视了他人。仁爱之人，自己决定对人建立仁爱之心，别人才会对你仁爱，自己决定对人豁达宽容，别人才会对你豁达宽容。

“推己及人”的另一方面是“己所不欲，勿施于人”，自己不想得到的东西、不想做的事情，绝不要强加于人。这种思想最早出自周礼，受到孔子的推崇。在《论语·颜渊》中，“仲弓问仁。子曰：‘出门如见大宾，使民如承大祭。己所不欲，勿施于人。在邦无怨，在家无怨。’”在《论语·卫灵公》中，子贡问曰：“有一言而可以终身行之者乎？”子曰：“其‘恕’乎！己所不欲，勿施于人。”“有没有可以终身奉行的一句话？”是儒家思想中就处理人际关系而提出的重要处事原则，就是说人们一辈子奉行的处事原则。

“己欲立而立人，己欲达而达人”是孔子的核心思想，也是实行“仁”的重要原则。如果能够做到“推己及人”，也就做到了“仁”。儒家道德修养中用于处理人际关系的重要原则，就是推行“忠恕”的观念，要求根据自己内心的体验来推测别人的思想感受，达到推己及人的目的。

“仁”的思想在儒家经典《孟子·尽心章句上》里也有体现，“穷则独善其身，达则兼善天下。”阐明了人在不得志的时候要注重自己的内心修养，在显赫发达的时候要兼顾天下和世人，努力让天下人都能得到好处。这里的“达则兼善天下”跟“己欲达而达人”其实都是在阐述儒家的“仁”，都是以天下为己任。由此可见，“仁”的思想贯穿儒学的整个发展过程。

仁、义、礼、智、信、恕、忠、孝、悌是儒家思想的集中体现。“仁”即爱人，是孔子思想体系的理论核心，是孔子社会政治和伦理道德的最高理想和标准，反映出他的哲学观，关涉到社会生活的方方面面。“仁”体现在政治上是强调“德治”，德治的基本精神实质是泛爱众和博施济众，对后世影响甚为深远。孔子把“仁”引入礼中，变传统“礼治”为“德治”。孔子并没有否定“礼治”，他的“德治”是对“礼治”的继承和改造。“仁”体现在教育思想和实践上就是“有教无类”。春秋时代学在官府，孔子首开私学，弟子不问出身贵贱敏钝，均可来他这里受教。此外，“仁”的思想也表现出了对人的平等相待和尊重以及完善的道德人格的追求，是“人本主义思想”的一种表现。

义原指“宜”，指的是适宜合理之意，即行为适合于“礼”。孔子最早提出“义”，孟子对“义”做了进一步的阐述，以“义”作为评判人们的思想、行为的道德原则。儒家把“义”与“仁”、“礼”、“智”、“信”合在一起，称为“五常”，其中的“仁义”成为封建道德的核心内容。“仁义”的思想在儒家典籍中占据核心地位，《论语·里仁》认为“君子喻于义，小人喻于利。”《孟子·离娄上》也记载，“大人者，言不必信，行不必果，惟义所在。”成为指导人们行为的道德规范。

“礼”是孔子及儒家的政治与伦理范畴，是古代社会的社会准则和行为规范。孔子对“礼”做出了全面的论述，提出了“克己复礼”的观点。儒家的“礼”要求人们的言行都要符合礼，具体而言，既要符合周礼的“礼”，又要符合道德规范，使“礼”成为治国治民的根本。荀子也重视礼，把“礼”作为节制人欲的最佳手段。在长期的历史发展中，“礼”作为中国封建社会的道德规范和生活准则，对中华民族精神素质的培养曾起过至关重要的作用。随着社会的发展和时代的变革，特别是在封建社会后期，“礼”越来越成为束缚人们思想和行为的枷锁，严重阻碍了社会的进步和发展。

“智”同“知”，是知道、了解、见解、知识、聪明、智慧之意，是儒家认识论和伦理学的基本范畴，内涵主要涉及“知”的性质、“知”的来源、“知”的内容、“知”的效果等方面。关于“知”的性质，孔子认为，“知”是一个道德范畴，是人的行为规范知识。儒家把“智”视为实现其最高道德原则“仁”的先决条件，而要实现“达德”，则必须经过“知”的五个步骤，即博学、审问、慎思、明辨、笃行。《礼记·中庸》中记载，“博学之，审问之，慎思之，明辨之，笃行之。有弗学，学之弗能，弗措也；有弗问，问之弗知，弗措也；有弗思，思之弗得，弗措也；有弗辨，辨之弗明，弗措也；有弗行，行之弗笃，弗措也。”

“信”指待人处事的诚实不欺、言行一致的态度。孔子把“信”作为“仁”的重要体现，是实现“仁”的重要条件，也是贤者必备的品德。凡在言论和行为上做到真实无妄，便能取得他人的信任，当权者讲信用，百姓也会以真情相待而不欺上。因此，儒家把“信”作为立国治国的根本，也是调和统治阶级和被统治阶级之间关系的手段。

“恕”包含宽恕、容人之意，要求推己及人——自己不想做的事，不强加给别人，即

“己所不欲，勿施于人。”“恕”由孔子最早提出，即记载在《论语·卫灵公》中的“其恕乎，己所不欲，勿施于人”。在孔子的伦理说中，“恕”与“忠”是并列的，因“恕”而得“忠”，为“忠”以行“恕”。“忠恕”是实行“仁”的方法，也是“仁”的具体表现。“忠”既是儒家实行“仁”的条件，也是规范人行为的道德规范。《论语·子路》中记载，“居处恭，执事敬，与人忠，虽之夷狄，不可弃也。”孔子认为“忠”表现在与人交往中的忠诚老实。这与曾子的“为人谋而不忠乎”所指一致。“忠”是指尽己之力为人谋事，忠于职守。一个具备了“仁”的人，必须“居处恭，执事敬，与人忠”，必须“言忠信，行笃敬。”汉代以后出现了“三纲”，“君为臣纲”规定了臣民对君主须绝对地“忠”，忠君便成为天经地义的伦理教条。宋代朱熹在《四书集注》中提出：“尽己之谓忠，推己之谓恕。”后世儒家对“忠恕”的解释不尽相同，但都有推己及人，即将心比心，设身处地为他人着想之意。后来“忠恕”二字逐渐被放在一起作为一个特定概念使用。“己所不欲，勿施于人”和“己欲立而立人，己欲达而达人。”可作为“忠恕”一词的具体内涵或表现。两千多年来，“忠恕”一直是儒家道德修养的重要内容，至今对于人际关系的正确处理仍有实际的指导意义。

“孝”主要指敬奉父母和善事父母。在儒家观念中，“孝”在各种伦理道德中最为根本。孔子认为孝悌是仁的基础，孝不仅限于对父母的赡养，而应着重对父母和长辈的尊重。如果缺乏孝敬之心，赡养父母也就视同于饲养犬马，乃大逆不孝。《论语·为政》中记载：“孟武伯问孝，子曰：‘父母唯其疾之忧……今之孝者，是谓能养，至于犬马，皆能有养，不敬，何以别乎’？”孔子还认为父母可能有过失，儿女应该婉言规劝，力求其改正，并非对父母绝对服从。这些思想正是中国古代道德文明的集中体现。在中国传统文化中，“孝”是人们为人处事的基本原则，孝为德之本，百善孝为先。《说文解字》中记载：“孝，善事父母者。从老省、从子，子承老也。”认为“孝”字是由“老”字省去右角的形体，与“子”字组合而成的会意字，“老”与“子”合起来就是“孝”。“孝”观念在不同历史时期的演变中产生了诸多积极的意义，如提倡子女对父母的“尊”“敬”“养老”，将孝亲与忠于民族大义相结合，在很大程度上阐发了“孝”的应有之义。

“悌”是指对兄长的敬爱之情和顺从之义。孔子非常重视悌这种品德，其弟子有若根据他的思想，把悌与孝并称，视之“为仁之本”。儒家典籍中对“孝悌”的观念进行了充分的强调，《论语·学而》中记载，“其为人也孝弟，而好犯上者，鲜矣；不好犯上，而好作乱者，未之有也。君子务本，本立而道生。”《孟子·滕文公下》也有“于此有焉：入则孝，出则悌。”的说法。“孝”“悌”结合起来成为规范家庭行为的重要伦理观念。

儒学奠基者孔子的政治思想首先是主张“正名”，他认为“名不正则言不顺，言不顺则事不成，事不成则礼乐不兴，礼乐不兴则刑罚不中，刑罚不中则民无所措手足。”（《论语·子路》）其次是主张统治者“立信”。在《论语·颜渊》中就有对“正”的强调，提出“政者，正也。子帅以正，孰敢不正？”主张用道德教化的办法治理国家，不主张使用强权暴力。

孔子是中国历史上最为知名的教育家，他的教育理念至今为人推崇，“有教无类”“因材施教”“学而不厌，诲人不倦”“发奋忘食，乐以忘忧”“择其善者而从之，其不善者而改之”“知之为知之，不知为不知，是知也”“毋意（臆测）、毋必（武断）、毋固（固执）、毋我（自以为是）”，都是极具价值的重要教育思想。然而，孔子的思想也有一定的局限性，有落后保守的内容。孔子看不起体力劳动，鄙视妇女，这些内容是应该剔除的糟粕。

孟子是战国时期的哲学家，继承和发扬了孔子的思想，是第二位儒学大师。孟子的思想集中在他与其弟子共同编写的《孟子》里。《孟子》在汉代就被认为是辅翼“经书”的“传”。宋神宗熙宁四年（1071年），《孟子》一书首次被列入科举考试科目之中。《孟子》不仅是儒家的重要学术著作，还是我国古代极富特色的散文集，对后世的散文创作产生了重大影响。由于孟子对儒学的巨大贡献，后世常把儒家学说称为“孔孟之学”或“孔孟之道”。

孟子思想的核心是“性善”和“良知”。在人性方面，孟子主张“性善论”，提倡内省。孟子认为因为人性善，所以人有恻隐之心、羞恶之心、辞让之心、是非之心。孟子主张加强内在精神的修养，提出“我善养吾浩然之气”，以达到“富贵不能淫，贫贱不能移，威武不能屈”（《孟子·滕文公下》）的境界，面对富贵、贫贱、威武等不同人生境况时，都能坚守“仁、义、礼”的原则，守住内心的“道义”观念。

在仁学方面，孟子提出了“义”的观念，认为“仁，人心也；义，人路也。”（《孟子·告子章句上》）仁是发自内心之爱，义是为人之道。在孔子“杀身成仁”的基础上，孟子提出“舍生取义”，这一思想在《鱼我所欲也》中得到充分的阐明，“生，亦我所欲也；义，亦我所欲也。二者不可得兼，舍生而取义者也。”使儒家主张的道德观更加完备。

在政治思想方面，孟子发展了孔子的“人本思想”，在《孟子·尽心章句下》提出“民为贵，社稷次之，君为轻”的政治主张，倡导争取民心、尊贤任能的政治思想。孟子从“仁者爱人”的思想出发，提出“仁政”观念和“仁者无敌”思想，认为实行王道就可以无敌于天下，提倡“省刑罚、薄税敛”（《孟子·梁惠王章句上》）、“不违农时”（《孟子·梁惠王上》）等有利于发展农业的主张。

孟子还区分了统治者和被统治者的阶级地位，认为“劳心者治人，劳力者治于人。”这种等级观念的思想出自《孟子·滕文公章句上》，涉及社会分工的伦理问题，体现了脑力劳动和体力劳动的区别。孟子思想中蕴含着唯物主义思想的萌芽，《孟子·告子章句下》中记载，“故天将降大任于是人也，必先苦其心志，劳其筋骨，饿其体肤，空乏其身，行拂乱其所为，所以动心忍性，曾益其所不能。”“然后知生于忧患，而死于安乐也。”

荀子是儒家学派的另一位重要代表人物，也是先秦时代百家争鸣的集大成者，创立了先秦时期的朴素唯物主义思想，提出“制天命而用之”的人定胜天的观念，著有《荀子》一书。荀子创造性地发展了儒家的正统学说，提倡“礼义”。《荀子·礼论》指出，“礼有三本。天地者，生之本也；先祖者，类之本也；君师者，治之本也。”这里的“礼有三本”涉及自然（天地，指生存环境）、家族（先祖，指生理纽带）、国家（君师，指社会前进的引领人物）。换言之，要以礼治天下，让所有人都知礼，天下就会大治。但与孟子的出发点不同。荀子强调“性恶”，认为“人之性恶，其善者伪也。”（《荀子·性恶》）即“善”是人为的表现，而不是人的表现。概因人性恶，所以要靠后天的力量来帮助人为善，其方法一是“修身”，二是“师法”，即通过教化而达到助人为善的目的。

在政治方面，荀子重视民的作用，认为“君者，舟也；庶人者，水也。水则载舟，水则覆舟。”（《荀子·王制》）荀子提出“明于天人之分”的自然观、“化性起伪”的道德观、“礼仪之治”的社会历史观，形成了独特的思想体系，对正统儒家思想进行了进一步阐发。

“明于天下之分”是荀子的自然主义天道观，认为天道自然、天行有常、天人相分。所谓天道自然，是说天为自然，没有理性、善恶之分。所谓天行有常，是指天有自己的规律，不以人的意志为转移，《荀子·天论》对这一思想进行了充分的诠释，“天行有常，不为尧存，不为桀亡。”同时，荀子也“人道有为”，提出了“制天命而用之”的朴素唯物主义自然观，人在自然面前具有主观能动性，可以认识天道从而宰制自然界。所谓天人相分，是指自然界和人各有自己的规律和职分，天道和人道不可相互干预，在《荀子·天论》中也有对这一思想的阐述，“天有其时，地有其才，人有其治。”

荀子倡导性恶论，“化性起伪”关涉荀子的性恶论和道德教化论。《荀子·正名》里规定“生之所以然者谓之性”，其自然表现为“饥而欲食，寒而欲暖，劳而欲息，好利而恶害，是人之所生而有也。”（《荀子·荣辱》）从道德教化的角度看，通过人的主观努力，“起礼义，制法度”，转化人的“恶”性，则“涂之人可以为禹。”（《荀子·性恶》）性恶论的意义在于强调后天环境和教育对人的发展的作用，也说明礼乐教化对人的品行熏陶的意义。

荀子的文章素有“诸子大成”之说，已从孔孟的语录体发展成标题论文，标志着中国古代说理文趋于成熟，对后世说理文的发展产生了积极作用。《荀子》的五篇赋文是后来以赋为体的文学体裁的肇始，在《劝学》中，荀子阐述了关于学习的见解，强调“学”的重要性。荀子重视教师在教学中的地位和作用。荀子的门人弟子之中最为著名的当属秦国政治家李斯和法学派代表人物韩非。

儒家学派的这三位代表人物中，孔子的核心思想为“仁”，孟子的核心思想为“义”，荀子继二人后提出“礼”“法”，重视社会上人们行为的规范。汉代以后，儒学独尊，从内容到形式都发生了巨大变化。汉代的董仲舒以儒家思想为核心，建立起“天人感应”为中心的唯心主义思想体系，成为封建统治秩序的理论支柱。在东汉初年，受到东汉唯物主义思想家、无神论者王充的抨击。王充的《论衡》是中国历史上一部重要的著作，强调世界的物质性，否认天有任何意识。

道家思想

道家以“道”为核心，认为“大道无为”，主张“道法自然”，提出“道生法”“以雌守雄”“刚柔并济”等政治、经济、治国、军事策略，具有朴素的辩证法思想。

先秦时代的道家代表人物是老子和庄子，老庄思想是影响中国文化发展的第二大学说。据《史记·老子列传》等记载，老子名李耳，字聃，史称老聃，以博学而闻名于世。老子著有《道德经》，又称《老子》，是老子思想的集中体现，也是道家哲学思想的重要来源，与《论语》、《易经》共称为对中国人影响最深远的三部思想著作。《道德经》包括《道经》37章、《德经》44章，共81章，内容涵盖哲学、伦理学、政治学、军事学等诸多领域，因其“言道德之意”，后世尊奉为《道德经》。

《道德经》以哲学层面的“道德”为纲目，论述修身、治国、用兵、养生之道，而多以政治为旨归，对中国哲学、政治、科学、宗教、文学等都产生了深远影响，也对中国人的人生观、世界观、处世哲学和思维方式等产生了深刻影响。全书的思想结构是道是德的“体”，德是道的“用”，“天道自然无为”是《道德经》一书的主旨。老子不仅提出“道”的观念，还形成了完整的“道生万物、道法自然”的宇宙观。这种宇宙观取代殷周天命神学观念，为中国学术思想突破原始宗教神学的桎梏，上升到哲学层面奠定了理论基础。

老子思想对中国哲学的发展产生了深刻的影响，其思想核心是朴素的辩证法。辩证思维是老子思想的精华，认为矛盾是普遍存在的。老子思想中含有朴素的辩证法思想，蕴含着对立统一的关系。老子在《道德经》第四十章提出“反者道之动”。这就是说，事物发展到一定程度，必然会向相反的方面转化，即物极必反。《老子》第五十八章的“祸兮福之所倚，福兮祸之所伏。”是对这一思想的生动注解，祸与福是矛盾的统一体，二者相互依存、相互转化。因此，在生活中，人们应该把祸福对立统一起来，才能妥当地处理祸与福的矛盾。《道德经》中用了诸如美丑、贵贱、难易、长短、先后、生死、胜败、亲疏、刚柔、祸福、善恶、阴阳等概念，概括事物之间矛盾对立的普遍现象。老子认为事物发展变化，循环往复。同时，老子认为事物的发展及转化并不是一下子就实现的，需要数量上不断积累的过程，因而老子思想中蕴含着量变引起质变的萌芽。

在政治上，老子主张无为而治和不言之教。“无为而无不为”不仅是道之大德、大用，还是支配天地万物的根本规律，是个人安身立命的根本法则。“无为而无不为”也是道之术，是中国历代统治者治理国家的重要方法。历代帝王都注重从《道德经》中汲取治国治身的智慧，北宋太宗帝曰：“伯阳五千言，读之甚有益，治身治国，并在其中。”在权术上，讲究物极必反之理。在修身方面，讲究虚心实腹、不与人争的修持，是道家性命双修的始祖。鲁迅先生曾说，不读《老子》一书，就不知中国文化，不知人生真谛。

老庄思想具有自然主义色彩，对儒家思想采取了批判的态度。儒家是“入世之学”，主要是政治教化，其作用偏重于社会，就个人层面，偏重于人的品格修养。道家是“出世之学”，主要讲的是宇宙人生，其作用偏重于个人，而且偏重于个人的精神层面。儒家以天、地、人为“三才”，老子则以道、天、地、人为“四大”，从而洞开了一个更为深远、极具想象力的思想空间。

老子把“道”作为最高范畴，“道”字在《道德经》中出现了73次，“道”是出自形而上而贯穿形而下的。在老子的哲学中，“道”表示宇宙的原始状态，“有物混成，先天地生”，在天地之前已经存在。“道”还表示世界的本源，“道生一，一生二，二生三，三生万物。”万物都是从“道”产生出来的，“道法自然”是说宇宙万物都是自然而然地演进和发展的，是“无为自化”的。

早在18世纪，一些西方国家就有了《老子》的多种文字版本。到20世纪四五十年代，欧洲共有60多种《道德经》译文，德国哲学家黑格尔、尼采以及俄罗斯大作家托尔斯泰等世界著名文人学者对《道德经》都有研究，并有关于《道德经》的专著或专论问世。雅斯贝尔斯在提出“轴心时期”理论之后，又在《大哲学家》一书中将苏格拉底、佛陀、孔子和耶稣列为“思想范式的创造者”，并把老子列入“原创性形而上学家”。据统计，《道德经》一书在全世界已翻译成94种语言，有近2 000个译本，成为翻译语言种类最多、发行量最大的中国文化典籍。

从文学方面看，《道德经》为诗歌体之经文，句式工整、语句押韵、平仄相扣，体现了中国文字的音韵之美，在音韵之中展现哲理性。《道德经》还采用排比、对偶、比喻、顶真等一系列修辞手段，赋予说理性言辞以强烈的表达感染力。这些极具文学性色彩的语言形式，对后世的文学创作也产生了一定的影响。概因其语言精辟，其中的多个表述后来还成为汉语中的成语或格言，如“天长地久”（七章）、“上善若水”（八章）、“知其白，守其黑”（二十八章，现为“知白守黑”），“大巧若拙，大辩若讷”（四十五章，现为“大智若愚”）、“天网恢恢，疏而不失”（七十三章，现为“天网恢恢，疏而不漏”）、“宠辱若惊”（十三章，现为“宠辱不惊”），这些词语已经成为中文中司空见惯的语言表达。

庄子是战国中期哲学家、思想家，道家学派代表人物，继承了老子的“道法自然”的思想，与老子并称“老庄”，两人同为道家之祖。《庄子》一书据说是庄子本人和庄派后学所作，集中反映了他的哲学思想。《庄子》全书以“寓言”“重言”“卮言”为主要表现形式，代表作有《逍遥游》《齐物论》《养生主》。庄子最早提出的“内圣外王”思想对儒家影响深远。他洞悉易理，指出“《易》以道阴阳”，其“三籁”思想与《易经》三才之道相合。《庄子》、《老子》和《周易》并称为“三玄”，在哲学方面有较高的造诣。

庄子的核心思想是自然无为，庄子同样把“道”作为自己哲学体系的最高范畴，但在认识方面比老子更超然。庄子认为人应该体悟自然之道，达到人与自然的契合，使人的精神获得绝对自由，提出“心斋”“坐忘”等内心修养途径。

“心斋”是指摒除杂念，使心境虚静纯一，而明大道。简言之，打扫屋子里的杂物才可以放更多的东西，放下只为更好的拿起。《庄子·人间世》有寓言说：颜回向孔子请教游说专横独断的卫国国君的方法，孔子叫他先做到“心斋”，并指出这不是祭祀之斋，而是精神上的斋戒。心斋就是抛弃了感官，用虚无之心去对待万物。“坐忘”出自《大宗师》：“堕肢体，黜聪明，离形去知，同于大通，此谓坐忘。”“坐忘”本是中国茶道中的一种法门，是道家的茶道理念。“坐忘”是让精神脱离肉体的束缚，精神达到返璞归真，去真正感知宇宙，与道大通。

庄子在《齐物论》中提出了“万物齐一”的认识原则，主张人应突破自我形躯的局限而对万物加以整体性把握，“天地与我并生，万物与我为一”强调顺从自然、顺应天命。《养生主》中的“吾生有涯，而知也无涯”讲的是追求正道的知识。

庄子的思想不仅对后世知识分子的精神世界，而且对文学创作中的审美意识，都产生了深远影响。鲁迅在《汉文学史纲要》中对庄子极为推崇。庄子的散文想象丰富奇特，语言运用自如，灵活多变，能把微妙难言的哲理写得引人入胜，被称为“文学的哲学，哲学的文学”。《养生主》中的“庖丁解牛”尤为后世传诵。庄子的散文极具浪漫主义风格，《庄子》代表着先秦散文的最高成就。

墨家学说

墨家学说在战国时代与儒学并称为两大“显学”。从古到今，我们一直把学问分为显学和玄学。显学通常是指与现实联系密切、引起社会广泛关注的学问和学派。相反，玄学则是离现实较远的学问和学派。显学更接近于现在的科学研究，被称为实践学派，儒家学派、黄老学派、墨家学说与杨朱学派构成了中国较早的显学学说学术。显学强调存在就是现实，但在一定程度上忽视了对自身是否完善的探索，使得自身容易发生主观的错误。显学的不足可以通过玄学弥补和丰富。

“显学”之意始见于《孟子·滕文公》：“杨朱、墨翟之言盈天下，天下之言，不归于杨，即归墨。”这里的“杨”指杨朱。“显学”之名后见于《韩非子》，据《韩非子·显学》记载：“世之显学，儒墨也。儒之所至，孔丘也；墨之所至，墨翟也。”它不仅指盛行于世而影响较大的学术派别，更是指文化内涵丰富、学术价值较高的学问。

“玄”这一概念，最早见于《老子》：“玄之又玄，众妙之门。”因而玄学即是研究幽深玄远问题的学说。“玄学”又称新道家，是对《老子》、《庄子》和《周易》的研究和解说。玄学是中国哲学脉络中重要的组成部分，产生于东汉三国，昌盛于魏晋，是中国魏晋时期出现的一种崇尚老庄的思潮。魏晋时人注重《老子》、《庄子》和《周易》，称之为“三玄”，而《老子》《庄子》则被视为“玄宗”。魏晋玄学的主要代表人物有何晏、王弼、阮籍、嵇康、向秀、郭象等，玄学的含义也因历史沿革而不断演进变化。

玄学的重要学术特征是以天、地、人为研究对象，以天文地理、数学、物理、农业水利、动植物生长规律、音乐、律历、养生等知识为研究手段，探索天、地、人的和平发展运作及其内在生态系统规律的一门系统性学问。中国历史上的玄学具有“基础性”学问的特点，其学术研究资源来自于人类社会的所有领域，但它又不涉及具体的政治、经济、伦理和科学技术等问题，而是着力去研究这些知识背后和本质性的运作规律。因此，玄学的学术成果往往不能够直接运用于世，却又是中国古代社会各种知识的基础。

墨家学派的创始人墨子名翟，是春秋末期战国初期鲁人，著名思想家、教育家、科学家、军事家。《墨子》一书由其弟子编辑而成，是墨子讲学时弟子们记录后整理而成的。《墨子》文字质朴无华，缺乏文学性，但逻辑性强，善于运用具体事例进行说理，使说理文章有了很大发展，对后代论说文的发展产生了重要影响。

墨子提出“兼爱”“非攻”“尚贤”“尚同”“节葬”“节用”“非乐”“非命”“尊天”“明鬼”等十大主张。墨家的主要思想主张是：人与人之间平等的相爱（兼爱），反对侵略战争（非攻），推崇节约、反对铺张浪费（节用），重视继承前人的文化财富（明鬼），掌握自然规律（天志）等。在这些思想的支撑下，墨子创立了物理学、光学、几何学等领域的科学理论，对后世影响很大。战国时期的“百家争鸣”，曾有“非儒即墨”之说。

墨家主张中含有朴素的唯物主义思想，反对儒家的“富贵由命，生死在天”的说法，反对老子的“有生于无”的思想，提出万物生于“有”的观念，墨子思想中内含有天赋人权和制约君主的思想。同时，墨家思想中也蕴含着阶级平等的意识，所谓“兼爱”即平等与博爱。墨子主张任人唯贤的用人原则，认为“尚贤”是政事之本，要求君主尚贤使能，提出“选择天下之贤可者”担任各级官员。对于贤者要不拘出身，倡导“官无常贵，民无终贱”的思想。

墨家学派有前后期之分，前期思想主要涉及社会政治、伦理及认识论问题，关注现世战乱；后期墨家在逻辑学方面有重要贡献，开始向科学研究领域靠拢。因此，墨家的贡献不仅在思想方面，而且在形式逻辑和自然科学方面也有突出成就。后期墨家提出了以名（概念）、辞（判断）、说（推理）为思维的三种基本形式。在几何学方面，墨家论述了点、线、面、圆的关系。在力学方面，论述了杠杆原理、力与运动和重量的关系等。

从哲学思想的角度看，墨子的主要贡献在于其认识论和逻辑学这两个方面。墨子把直接感觉经验作为认识的唯一来源，以这一朴素唯物主义的经验论为出发点，努力排除个人的主观成见。虽然墨子强调感觉经验的真实性这一认识论有其局限性，但墨子并没有忽视理性认识的重要性。墨子被认为是中国逻辑思想的重要开拓者，他运用了大量的逻辑推论方法论证自己的政治和伦理思想。在中国逻辑学史上，墨子首次提出辩、类、故等逻辑概念，并把辩作为一门专门学问进行学习。根据墨子的逻辑，辩是建立在知类和明故基础上的辩论技术。所谓知类，是指知晓事物之类；所谓明故，是指明白根据和理由。这些都是逻辑类推和逻辑论证的范畴。在此基础上，墨子提出“以类取，以类予”的推理方法。在墨子的启蒙和倡导下，墨家思想中带有显著的重逻辑传统。墨辩和印度的因明学、古希腊的逻辑学并称世界三大哲学。

墨子还提出了一系列数学概念的命题和定义，其中带有高度的抽象性和严密性。在物理学方面，墨子也做出了重要的贡献，涉及力学、光学、声学等物理学分支，并提出了一些重要的物理学定理。

法家学说

法家是中国历史上提倡以法制为核心的重要学派，其思想源头可上溯至夏商时期的理官，春秋战国时期亦称之为刑名、刑名之学，经过管仲、吴起、商鞅、慎到、申不害等人的大力发展，成为中国历史上一个重要学派。战国末期，韩非对他们的学说加以总结、综合，集法家之大成，范围涉及法律、经济、行政、组织、社会改革等诸多方面。

韩非与李斯同为荀子的学生。韩非在出使秦国时，非但没有得到秦王嬴政的信任，更被李斯、姚贾陷害，最后自杀于秦狱中。在《韩非子·定法》中，倡导“循名责实”，是说按照名称或名义去寻找实际内容，使其名副其实。《韩非子·外储说右上》指出，“信赏必罚”，是说有功劳的一定奖励，有罪过的一定惩罚。韩非认为统治者必须有名有实，赏罚严明，根据臣民的言论与实绩是否相符来决定功过赏罚。君主治国必须有明确的法令，赏罚必须严明，而且重刑而少赏。认为礼教、仁义、人的感情都破坏“法”的尊严，因而斥责儒家“以文乱法”，斥责墨家“以武犯禁”。韩非甚至认为，“明主治国，无书简之文，以法为教。”这就是李斯后来让秦始皇“焚书坑儒”的源头。

在韩非之前或同时，已有申不害、商鞅、慎到等法家人物对法家学说做了许多论述。商鞅主要讲“法”，指君主的法令。申不害讲“术”，指君主驾驭群臣的心术和权术。慎到讲“势”，指统治者的权势地位。韩非子总结前期法家的经验，将三者合为一体，形成了以法为中心的法、术、势相结合的政治思想体系，成为法家的集大成者。

韩非子主张法治，加强中央集权，实行君主专制。改革图治、变法图强，是韩非子思想中的一大重要内容。秦始皇采用他的学说，统一了中国，建立起专制主义中央集权制。

经　学

经学是由汉武帝独尊儒术而兴起的两汉学术思想的主流，是研究和阐发儒家经典的宗旨及方法的一门学问。汉武帝即位后，采纳“罢黜百家，独尊儒术”的建议，使得经学日益兴盛和发展起来。

“六经”一词早在《庄子》一书中已经出现，是指《诗》《书》《礼》《易》《乐》《春秋》六部先秦时的著作。经过孔子删订，成为向弟子讲授的教材。经学是从研究“六经”开始的，一直发展到“十三经”。从历史实际看，由于六经中的《乐经》在汉代已经失传，故汉儒所说的“六经”实际上只有五经。汉武帝立五经博士，是经学形成的标志。

所谓经学，从研究主体的角度讲，是指研究以“六经”为核心的儒家经学。从研究对象的客观性讲，是指以儒家“六经”为核心的一套理论体系，主要包括价值观念、思维方式、人格追求等，其主要载体是儒家的政治哲学、历史哲学和人生哲学。经学涉及范围极其广泛，几乎涵盖了中国古代文化的一切领域，关涉中国传统社会的政治、经济、伦理、道德、哲学、礼仪、教育、文学、艺术、史学、法律、宗教、民间习俗等诸多方面。

西汉前期，以黄老之学为尊，直至汉武帝“罢黜百家，独尊儒术”，儒学开始成为两千多年来封建社会的主导思想。冯友兰在其开创性的《中国哲学史》一书中，把整个中国哲学史分为两个阶段，一是从先秦孔子到汉代淮南王的子学时代，二是从西汉董仲舒到清末康有为的经学时代。

经学研究有三大学派，即古文学派、今文学派和谶纬之学。古文经学遵循孔子“述而不作、信而好古”（《论语·述而》）的原则，比较重视名物训诂，多以考据为特色。今文学家在西汉时期以董仲舒为代表，认为孔子删订“六经”，是为了托古改制，尊孔子为经学之祖。今文学家注重阐发经文的“微言大义”，为汉王朝的封建“大一统”寻找理论依据，得到西汉统治者的高度重视，被立为“官学”。

谶纬是谶书和纬书的合称，谶是用图记或文字预测吉凶，纬是对经的解释。谶纬之学兴起于西汉，广泛流布于东汉时代，是盛行于汉代的重要社会思潮，为经学占验学说，是传统文化的重要组成部分。谶是秦汉间儒家编造的预示吉凶的隐语，后来中国民间发展为庙宇或道观求神问卜，渐渐地更加简化为求签。纬书是对秦汉“纬”“候”“图”“谶”的总称，是汉代附会儒家经义衍生出来的一类书，其中保存了大量关于神话民俗文化的记载，也是中国思想文化大综合运动的一个重要环节，对研究中国思想文化有重要的参考价值。

东汉先后出现马融、许慎等一批经学大师。隋唐一统天下，开科取士。孔颖达等人合编《五经正义》，对汉代以来的经学作了一次系统性的归纳梳理。宋代以后，儒家学者抛开传统的训诂、释义，直接对经书的原文“义理性命”进行剖析，形成宋明“理学”，开辟了儒学的新阶段。

其他思潮

玄学是魏晋时期流行的一种哲学思潮。魏晋玄学以老庄思想为主旨，糅合儒家经义产生了一种新的学说。“玄”就是老子的“玄之又玄，众妙之门”，指深奥难测而又无法用语言明确表达的某种状态、关系或道理，研究这些内容的学问就称为“玄学”。

玄学之风早在三国魏时就已出现，根本点是张扬道家的自然主义思想，抨击虚伪的儒家名教。玄学的实际内涵，实际是以“本末有无”为核心展开的本体和本性之学，探究的是宇宙存在的依据。玄学力图透过宇宙万有的现象，直接探求其本体和本性。魏晋玄学及其思辨方法，如“得意忘象”“得意忘言”等，对中国文学艺术产生了深刻的影响。玄学作为一种哲学思潮整整影响了魏晋南北朝三百多年的社会生活，直至东晋以后佛、道二教流行，玄学才走向衰微。

宋明理学实际上是宋明时代的儒家学说，因竭力宣扬儒家的“大道”而又称为“道学”。理学的形成主要有两个原因：一是儒学内在的变化，二是佛教思想的流行，为儒学注入了新的血液。

北宋的胡瑗和孙复都强调儒家纲常与天道的一致性，开“理学”之先河。北宋理学四大家有周敦颐、张载、二程（程颢、程颐）。南宋朱熹集理学之大成，以“理”和“气”解释宇宙人生。朱熹的学说与二程一脉相承，故称“程朱理学”。到明代的王守仁（阳明先生）是理学发展的一个高潮。王阳明集心学之大成，其哲学是“心外无物，心外无事，心外无理，心外无义，心外无善”。

理学在清代走向衰微，儒家学者因思想和社会的变迁又归向经学，像汉儒那样注重训诂和考据，这种学问被称为“质朴之学”，简称“朴学”，又称“考据学”。清代朴学源于明末清初的顾炎武、黄宗羲、王夫子、颜元等几位大儒。

从汉英翻译的角度看，了解中国学术发展脉络，通晓中国哲学流派的主要思想，是做好汉英翻译的根本所在。无论是中国哲学典籍的翻译，还是文学作品的传译，抑或是文化内容的传递，本质上都离不开中国思想的本源。只有立足于中国学术思想的源头，深刻领悟中国文化发展的根基，译者才能把握好对原文的诠释，才能把文化的精髓渗透到译本之中。因此，在正确全面把握和理解中国学术思想的背景下，才能完成译者的使命，传播好中国声音，传扬好中国文化。

六

中国教育理念

中国关于教育的论述，始见于《孟子·尽心章句上》:“君子有三乐，而王天下不与存焉。父母俱存，兄弟无故，一乐也；仰不愧于天，俯不怍于人，二乐也；得天下英才而教育之，三乐也。”从词源上说，甲骨文的“教”字是左右结构的会意字，左边是孩子，孩子的头顶是被鞭打的象征符号，右边是拿鞭子的人。许慎在《说文解字》中的解释是，“教，上所施，下所效也。”“育，养子使作善也。”中国教育始于中国古典著述的教导，早期封建社会政府任用受过教育的官员管理国家。用来选拔官员的科举考试制度建立于隋朝，隋朝大业元年（公元 605 年）隋炀帝正式创建了进士科，学界普遍认为这是科举制的起源。到了唐朝唐太宗逐步完善科举制度。科举制萌芽于南北朝，创始于隋朝，确立于唐朝，完备于宋朝，兴盛于明清，到清朝光绪三十一年（公元 1905 年）举行最后一科进士考试为止，科举制前后经历了 1 300 年，在中国传统教育方面刻下了深深的烙印。

中国传统上历来重视教育，哲学、政论等著述里多有这种思想的表述，《中庸》里有“天命之谓性，率性之谓道，修道之谓教。”《礼记·学记》里有“教也者，长善而救其失者也。”《荀子·大略》里有“国将兴，必贵师而重傅”。葛洪《勤求》里有“明师之恩，诚为过于天地，重于父母多矣。”康有为《政论集》里有“师道既尊，学风自善。”文学作品中也有这种思想的种种体现，如宋代汪洙的《神童诗》里所言：“天子重英豪，文章教尔曹；万般皆下品，唯有读书高。”《劝学诗》里的“书中自有千钟粟”“书中自有黄金屋”“书中自有颜如玉”的描述，吴敬梓《儒林外史》的名篇《范进中举》关于科举制度的描绘和范进人物形象的刻画，生动地再现了国人对通过读书考取功名的向往和推崇。自此，尊师重教、言传身教、诲人不倦等关于教育的理念也渐入人心。

“教育”成为生活中的常用词，则是19世纪末20世纪初的事情。19世纪末，辛亥革命元老中国现代教育奠基人何子渊、丘逢甲等有识之士开风气之先，排除顽固守旧势力的干扰，为创办和推广新式学堂做出了革新式贡献。清政府迫于形势压力，对教育进行了一系列改革，于1905年末颁布新学制，废除科举制，在全国范围内提倡新式学堂。1909年，地方科举考试停止以后，西学逐渐成为学校教育的主要形式。现代汉语中“教育”一词的通行与中国教育的现代化密切联系在一起,反映了中国教育话语由“以学为本”向“以教为本”的现代性转变。

在西方，教育一词源于拉丁文“educare”，该词前缀“e”有“出”的意思，“ducare”意为“引出”或“导出”，词义就是“通过一定的手段，把本来潜在于身体和心灵内部的某种东西引发出来”。由此可见，从词源上说，西方“education”一词是指由内至外引发出来的做法，强调教育是一种顺其自然的活动，旨在把自然人所固有的或潜在的素质自内而外引发出来，使其成为现实中的发展形态。在西方，教育的起源深受宗教组织的影响，学校体系大多是由深谙教育重要性的神职人员建立起来的。在欧洲，许多最初的大学都有天主教背景，英国的牛津大学即为其中的代表。在远离欧洲的新大陆，美国的哈佛大学成立之初也是受到约翰·哈佛牧师的慷慨支持。西方教育大都基于人文思想展开，注重培养人的实践能力和分析能力，鼓励思想的创新和自由。教师在其中所起的作用主要是作为指引者的角色。

近代中国的教育经受了西式教育的冲击，或者说，这是中西方思想通过教育产生的一次强烈碰撞，中西教育方式的不同是其中差异性的具体表现。在中国，故有“以夷制夷”的理念，也有“拿来主义”的做法，体现了中西文化交往过程中的互动和影响。在这种碰撞和互动过程中，翻译曾经起了不可忽略的作用。近代翻译上起鸦片战争，下迄五四运动，从“睁眼看世界”到“实用科技书籍的译介”，从“西学思想的渐入”到“民主与科学概念的引入”，翻译都在其中充当着不可或缺的角色。

教育的本质就是教育作为一种社会活动区别于其他社会活动的根本特征，即“教育是什么”这一根本性问题，反映出教育活动固有的规定性及其根本属性。人类的教育活动带有显著的社会性、目的性，这与动物的一些本能性引导有着本质的区别。人类教育的本质是有目的的培养人的社会活动，这种独特性主要表现在以下三个方面。首先，教育是人类所特有的社会现象，是获取价值观、知识、技能和思维习惯的过程。其次，教育具有高度的自觉性，是有意识、有目的、自发地对受教育者进行培养的过程。最后，存在着教育者、受教育者以及教育影响这三种要素之间的关系。教育的重要价值在于人类通过文化教育增大了个体的意识空间，通过改变个体的意识空间来改变个体的选择指向，从而使得人们的选择更具理性，蕴含更大的发展潜力。

教育具有多种功能，教育的首要功能表现在个人层面，是促进个体发展的重要手段，这其中包括个体的社会化和个性化。教育的最基础功能是影响社会人才体系的变化以及经济的发展。现代社会重教育的经济功能主要包括：为经济的持续稳定发展提供良好的背景；提高受教育者的潜在劳动能力；形成适应现代经济生活的观念态度和行为方式。教育的社会功能表现在为国家的发展培养人才，服务于国家的政治、经济发展需要。教育的最深远功能是影响文化的发展，因为教育不仅要传递文化，还要满足文化本身延续和更新的内在需求。

教育有广义和狭义之分。广义的教育泛指一切有目的地影响人的身心发展的社会实践活动。狭义的教育是指专门组织的教育，即学校教育，不仅包括全日制的学校教育，而且包括半日制的、业余的学校教育、函授教育、广播学校和电视学校的教育等各类形式的教学、培训活动。教育活动是根据特定社会的现实和未来的需要展开的，遵循年轻一代身心发展的基本规律，有目的、有计划、有组织、系统地引导受教育者获得知识技能，陶冶思想品德，培养核心价值观，发展智力和体力，旨在把受教育者培养成为适应特定社会需要和促进社会发展之人才。

具体而言，教育者按照法律法规和行业规范，根据学校软硬件条件，系统地对受教育者的心智发展进行教化培育，以现有的经验和学识教导于人，为其解释各种现象、问题或行为，即为“师者，传道授业解惑也，”以提高受教育者的学术水平和实践能力。概言之，教育的根本是以人的一种相对成熟或理性的思维来认知，让事物得以接近其最本质的存在，受教育者身在其中，逐渐对一种事物由感官触摸而达到认知理解的状态，并形成一种相对完善或理性的自我意识思维。正如本部分的第一节对思维的诠释，思维在很大程度上决定着人类的行为和作为，也决定着人类发展的程度和高度。

人有着自我意识上的思维，又有着自我的感官维度，因此，任何教育性的意识思维都未必能够绝对正确，应该感性地理解其思维的方向，不偏差事物的内在本性。教育又是一种思维的传授，而人因为其自身的意识形态，又有着另样的思维走势，因此，教育应当以最客观、最公正的意识思维教化于人。如此，人的思维才不至于过于偏差，并因思维的丰富而逐渐成熟和理性，由此走向最理性的自我和拥有最正确的思维认知，这就是教育的根本所在。

教育本身就是一种教书育人、滋养人心的过程，可将一种最客观的理解教给他人，而后使其在自身的生活经验中产生自己认知的价值观。目前高校开展的课程思政教育，本质上就是通过教育这一媒介，通过教学这一手段，站在立德树人的高度，培养具有高尚品德、自觉意识和广阔知识的全方位人才。由此可见，教育是一种全方位提高人的综合素质的实践活动，教育过程开始于一个人的出生并持续终生，对人产生持久而深刻的影响。教育的影响多是潜移默化产生的，有些人甚至认为教育可以开始得更早，一些父母进行胎教，通过外部的言语和音乐来影响子宫里生长着的胎儿，希望让孩子健康、全面地成长和发展。教育伴随着人类社会的产生而产生，随着社会的发展而发展。社会根据受教育程度选拔人才，人通过受教育实现素养的提升和社会地位的变迁。

中华教育的主体是通过儒家思想表现出来的。儒家具有显著的“忠孝”思想，中国历代当权者就把教育工作主要交给儒家来负责，以便有利于其政治上的统治和对民众思想的把控。孔子重视教育，把教育和人口、财富作为立国之本。孔子承认知识和道德都是要靠学习培养出来的，认为教育是形成人的个体差异的重要原因，因而孔子说：“性相近也，习相远也”。孔子的“有教无类”主张，也是从“性相近”的思想源出的。“温故而知新”“大学之道，在明明德，在亲民，在止于至善。”这些记载集中体现了孔子的教育理念。孔子开办学堂，学生不分出身，不仅形成了影响后世的教学理念和方法，也在很大程度上塑造了中国教育的形态，营造了中国教育的氛围，培养了中国教育的气质。

除了正规的学校教育，教育也包含家庭教育，即所谓的“教养”。家庭教育是一个人能否立足社会的根本，这就强调了原生家庭在孩子长大成人过程中的重要性，强调教导、教养和教化。在现代社会中，家庭教育的重要性愈发彰显，道德教导与知识教育的结合，家庭教养与学校教育和社会教育的配合，才是取得理想教育效果的路径，也是培养社会所需要的人才的最佳手段。

中国社会对教育的重视，在诸多名家学者的论述中可见一斑。鲁迅认为“教育是要立人。”尤其是儿童的教育对其成长及人生的发展发挥着不容忽视的作用。在《准风月谈·我们怎样教育儿童的》一文中，鲁迅写道，“倘有人作一部历史，将中国历来教育儿童的方法，用书，作一个明确的记录，给人明白我们的古人以至我们，是怎样的被熏陶下来的，则其功德，当不在禹下。”[①] 重视儿童的早期教育，充分利用家庭这一重要场合，强调“教”重于“养”，倡导身教重于言传，尊重儿童的个性差异，凸显沟通和引导在家庭教育中的作用。

家训和家书在家庭教育方面发挥着独到的作用，也是中国古人对家庭教育重视的具体表现。先秦到两汉时期是家训发展的第一个阶段，《论语》记载了孔子要求儿子伯鱼“学礼”的庭训。中国的家训主要以儒家思想为主导，阐述立身治家的方法，内容体现了孔子在《论语》中倡导的教育理念。三国两晋南北朝到隋唐时期是家训发展的第二个阶段，颜之推《颜氏家训》教导子孙立身处世，强调教育体系应以儒家思想为核心，内容不仅涉及家庭，而且囊括了经济、文化、社会习俗等诸多方面，南宋藏书家、目录学家陈振孙誉之为“古今家训之祖”，明代学者王三聘认为“古今家训，以此为祖。”可见，《颜氏家训》不仅是家庭教育著述的典范，还是一部对后世影响很大的学术著作，对研究古文献学、南北朝历史和文化有着很高的学术价值。宋元明清时期为家训成熟完善的时期，是家训发展的第三个时期，以朱柏庐的《治家格言》、彭端吾的《彭氏家训》等为代表。

家训涉及的内容可以从文字中一窥究竟，主要表现在以下几个方面：一、以德为本，立德修身。诸葛亮《诫子书》中记载，“夫君子之行，静以修身，俭以养德，非淡泊无以明志，非宁静无以致远。”二、志存高远，勤勉不息。魏晋思想家、文学家嵇康《家诫》中写道，“人无志，非人也。”诸葛亮《诫子书》也认为，“夫学须静也，才须学也。非学无以广才，非志无以成学。”三、谦让恭敬，谦谨笃实。曾国藩在家书《同治三年七月初九日谕纪鸿》中写道，“尔在外以谦谨二字为主。”在《咸丰十一年正月初四日致澄弟》中写道，“天地间惟谦谨是载福之道，骄则满，满则倾矣。”被誉为“国之良臣，时之彦士”

① 鲁迅著，《鲁迅全集》（第五卷），北京：人民文学出版社，1981，第 271—272 页。

的曹魏大臣王昶在《戒子侄》里也倡导崇谦实，去浮华。四、重义轻利，诚信待人。明代王汝梅《王氏家训》中记载，“万事须以一诚字立足，即事不败。未有不诚能成事者。虚伪诡诈，机谋行径，我非不能，实不为也。”五、勤俭节约，和睦治家。司马光《训俭示康》中写道，“顾人之常情，由俭入奢易，由奢入俭难。”《朱子治家格言》也倡导“一粥一饭，当思来之不易；半丝半缕，恒念物力维艰。”六、为官清廉，报国安民。《包拯家训》中对子孙有严格的训导，包孝肃公家训云：“后世子孙仕宦，有犯赃滥者，不得放归本家；亡殁之后，不得葬于大茔之中。不从吾志，非吾子孙。”共三十七字，其下又有十四字：“仰珙刊石，竖于堂屋东壁，以诏后世”。这些家规家训集中反映了中国古人在家庭教育方面的理念，对当今社会的家庭教育仍不失启迪作用。

从汉英翻译的视角看，首先中国教育传统悠久，有着丰富的内涵和营养，是中译英重要的翻译内容。其次，了解历史上中国教育的做法，理解其基本理念，有助于译者更好地传播中国教育思想。再次，从具体翻译实践看，译者还需要掌握教育类的专业知识和术语，在传译过程中能够使用专业、到位的表述传递教育观念，为英语世界了解中国文化的教育维度做出贡献。最后，关注翻译的教育维度，也可以提升国人对中国教育的认知，应对当前教育过程中出现的种种问题，培养出符合新时代要求的合格人才。

七

中文语境内的翻译场域

在我国两千年的翻译史上，规模最大、历时最久的翻译事业是佛教经典的翻译。天竺的摄摩腾和竺法兰翻译了《四十二章经》，一般认为这是我国最初的佛经译籍。在历代众多经译家当中，最著名的有鸠摩罗什、真谛、玄奘和不空，被称为佛典翻译的四大译师。佛经的翻译从梵语到巴利语，再从藏语到中文和日文，然后才译成亚洲和欧洲的其他语言。佛经翻译在不同时期出现了很大发展，译经数量在逐步上升，后汉时期的安世高译 30 多部佛经；三国时期的支谦译 88 部佛经，采用意译的翻译方法，并作注进行补充；西晋时期的竺法护译了 154 部佛经，他的译本重本旨轻文饰，译文较为晦涩；东晋时期的道安和鸠摩罗什的翻译较为成熟；南北朝时期的真谛翻译了 49 部佛经。这些译经活动在很大程度上促进了佛经典籍在中文语境内的传播，同时也发展了我国的翻译事业，尤其是译者对翻译原则、标准和方法的具体应用为后世的其他文本的翻译提供了重要的参照。

在我国翻译史上，大抵对翻译原则有过以下几种见解：在佛教经典翻译方面，早就存在硬译与意译的分歧，当时评定译经的标准归纳为两个字——“质”与“文”。唐代玄奘提出“求真”与“喻俗”的翻译标准。《宋高僧传》卷三对翻译的最高标准作了生动、绚丽的比喻，认为“翻也者，如翻锦绮，背面俱花，但其花有左右不同耳。”[①]唐朝是译经的鼎盛时期，有玄奘（译 75 部）、不空（译 104 部）、义净（译 61 部）等人翻译了大量佛经

① （宋）赞宁撰，《宋高僧传》，北京：中华书局，1987，第 52 页。

典籍。北宋太宗年间下令营建译经院，中设译经堂、润文堂，是宋朝掌译佛经的译场，多附设于宫殿或大寺院。隋朝彦琮是参与译事的本国佛教学者，他谙习梵文，是我国佛教史上把佛经译为梵文的第一位译者，首次较有系统地提出翻译的模式，在《辩证论》中提出“八备”之说，对佛典译者提出了八个要求。公元4世纪，道安及其后来者鸠摩罗什把梵语的佛经译为中文。后来，清末马建忠提出“善译”；严复提出“信达雅”；鲁迅提出“易解”与“丰姿”。新中国成立以来译界提出“准确、通顺、易懂”的翻译标准，成为译界在翻译实践和翻译批评中奉行的基本原则。

佛经翻译在隋唐两代达到了高潮，当时经济发达，文化繁荣，武力强盛，社会稳定，佛经的翻译在数量和质量上都达到了最高成就，形成了较为成熟的翻译思想；在译经规模上也是史无前例，组织译场进行翻译，译经活动成为有组织的官方行为。佛经的传入和传播，对中国社会和文化产生了积极的作用和消极的影响。积极方面在于，从西汉末年的传入到唐代进入全盛时期，佛经译本对中国文学的影响很大，尤其为唐诗提供了丰富的创作素材和灵感，丰富了唐诗的艺术表现手法，把“空”的佛理融入唐诗，增强了唐诗创作的审美意识和艺术意境，有利于唐诗精神境界的提升。唐诗有近十分之一的诗篇受到佛经翻译的影响，艺术风格清淡悠远。“诗佛”王维的《过香积寺》就属于此类诗篇。

过香积寺

王维

不知香积寺，数里入云峰。

古木无人径，深山何处钟。

泉声咽危石，日色冷青松。

薄暮空潭曲，安禅制毒龙。

诗人特意置身于一个虚幻的境地，利用“香积寺”的意象，给读者营造出一种空灵的意境，给予其心灵释放的空间，让思想得到洗礼。诗中出现的意象“香积寺”“云峰”“古木”“深山”“泉声”“危石”“青松”“薄暮”，表达的是一种幽静深邃、高远旷达的意境，同时也衬托出诗人的洒脱不羁、不拘于现实生活的胸襟。这首诗写寺而不直言寺，但对寺的描写就在其中，俞陛云在《诗境浅说》中对此诗做出了这样的评价："此咏寺外幽景，皆不从本寺落笔。游山寺者，可知所着想矣。"[①] 诗人尽写寺外隔绝尘世的景象，通过视听的感受烘托出古寺远离尘世烟火的静谧，在诗中融入禅趣，"薄暮空潭曲"流露出闲逸萧散的情趣和静谧恬淡的心境，"空"的佛理入诗，别有一番风味，增添了唐诗独有的艺术表现力。

王维的另一首诗《鹿柴》写出了山之空灵之感，也传递出同样的意境。

鹿　柴

王维

空山不见人，但闻人语响。

返景入深林，复照青苔上。

诗中描绘的空山一片寂静，只能听到人语的回响，那回响宛如来自遥远的另一个世界。一缕夕阳的返照，透过密林射在青苔上，更是点缀出环境的寂寞。诗中采用了化动为静、化有声为无声的艺术手法，营造了"此时有声胜无声"的意境。全文凭借一个"空"字足以明了诗人的创作意涵，"空"字借用佛教空灵的思想，唤起诗人无限的写作灵感，寄托诗人无限的情思，引发读者无尽的遐思。

"诗仙"白居易的《大林寺桃花》也表现了佛经翻译对唐朝诗歌创作的影响。

大林寺桃花

白居易

人间四月芳菲尽，山寺桃花始盛开。

长恨春归无觅处，不知转入此中来。

《大林寺桃花》是唐代诗人白居易于元和十二年（公元817年）初夏在江州（今九江）庐山上大林寺时即景吟成的一首七绝。初夏四月诗人来到大林寺，此时山下芳菲已尽，而

① 俞陛云著，《诗境浅说》，北京：北京出版社，2003，第10页。

不期在山寺中遇上一片刚刚盛开的桃花。诗中写出了诗人触目所见的感受，突出表现了诗人的惊讶与意外的欣喜。这首诗的意象素材也取自寺院的花草景物，体现了唐代游寺文化的盛行，从而使佛教文化渗透到文学领域而给人一种特别的审美感受。

到了明清两代，佛经翻译逐渐式微，但佛经翻译对中国语言的影响已经随处可见，进而渗透到人们的思想和生活之中。中文语境中，出现了许多跟佛教内容相关联的四字成语或词组，如“一尘不染”（“尘”出自佛家的“六尘”，指的是色、声、香、味、触、法）、“五体投地”（古印度佛教最恭敬的行礼仪式，双膝、双肘和头颅都要着地）、“当头一棒”（拜师方式，佛教禅宗接引弟子时，常用棒一击或大声一喝，促其领悟。）、“苦海无边，回头是岸”（佛教用语，“苦海无边”指生死轮回如同苦海，无边无际。“回头是岸”指通过佛教的修行悟道，才能获得涅槃。）、“放下屠刀，立地成佛”（这里的“屠刀”，指的是心口意三业及一切妄想、妄念、迷惑、颠倒、分别、执着。佛教认为，人皆有佛性，作恶之人弃恶从善，即可成佛。）、“清规戒律”（原指佛教徒所遵守的规则和戒条。出自《释门正统》:“百丈山怀海禅师始立天下禅林规式，谓之清规。”）、“现身说法”（指佛力广大，能现出种种人相，向人说法。出自《楞严经》卷六:“我与彼前，皆现其身，而为说法，令其成就。”）、“恍然大悟”（出自宋·释道原《景德传灯录》第五卷:“简蒙指教，豁然大悟。）、“菩萨心肠”（佛经上说菩萨大慈大悲、普度众生，形容人仁慈善良。）这些用语已经成为中文语言的重要组成部分，可见翻译吸收译出语的表达形式，其中富有生命力的用语在译入语中得到很好的接受，使其成为译入语语言的重要内容。

此外，中文中还有不少歇后语和俗语也与佛教内容相关，如“和尚打伞——无法无天”“无事不登三宝殿”“跑了和尚跑不了庙”“庙小菩萨大”“临时抱佛脚”，这些表达已经成为中文里司空见惯的日常用语，尽管出自佛教或字面上看与之有着某种关联，但实际上人们已经不视其为佛经用语，而是作为生活用语的一部分来使用。

从汉英译介和传播的情况看，《道德经》最早的西文翻译是天主教传教士的拉丁文译本，其中一册由英国皇家学会成员马修·雷柏（Matthew Raper）带入英国。1812 年，英国传教士马礼逊选译《三教源流搜神大全》，是道教典籍在英语世界译介的开端。1868 年，首部《道德经》英译本出现，湛约翰（John Chalmer）翻译时参考了之前的法译本。19 世纪道教典籍的英译本将近 20 种。从此类典籍的汉英翻译角度看，译者应尤为关注源文本中的文化元素，以客观的态度和专业的水平进行传译。在中国文化历史长河中，这些富有中国元素和语言特色内容的传译是中国与外界沟通交流的媒介，汉译英过程中对此类内容加以关注，并妥当地进行传译，是全面促进中国文化传播的重要维度。

在中文语境内，翻译一向并不是舆论关注的热点话题，但在21世纪初的几年里，国内几大报纸却就翻译问题展开了激烈的争论，原因之一就是翻译的质量问题引发了批评家的关注和忧思。《光明日报》曾以“构建与世界的通道”为主题开展了长达半年的关于翻译质量的讨论，并用整版篇幅曝光了某些质量低劣的文学翻译。此后的几年间，有关翻译的批评文章仍然呈上升趋势，“仅据部分报刊的统计，从2004年11月以来的一年中，批评翻译图书质量的文章多达24篇。其中《人民日报》用的标题是《文学作品翻译质量问题严重》《翻译出版业浮华背后的忧思》;《中华读书报》用的则是《可怕的误译》《关于翻译：真实的笑话》；其他报刊类似的标题还有:《治理翻译质量下降从何做起》《外文翻译差错俯拾皆是》《浮渣式翻译，闪电式出版》，等等。公开批评文章平均每月就有2篇，这么高的曝光率，充分反映了人们对翻译图书质量关注及不满的程度。”[①]在译坛如火如荼的热闹景象之中，蕴含的是翻译的危机，翻译质量成为翻译批评的一个突出话题。

在这些批评当中，文学翻译的质量尤为令人担忧。20世纪80年代以来，有关西方翻译理论的著述译介到中国，对当时的中国译界和中文语境均产生了一定的冲击，“90年代后，大量西方译论被译介到中国。这些译论极大地推动了中国文学翻译研究与国际接轨，同时也使文学翻译面临前所未有的挑战。文学文本的开放、互文和歧义使译文就意义的产生而言，有了更大的空间；同时文本的开放性创造了文本的丰富性，使文本更具生命力。”[②]文学翻译属于文化积淀型事业，是拓展人们视野、提升精神价值、滋养美好心灵的重要手段，对人们精神修养的培养和美好心灵的熏陶具有重要意义。对文学作品的解读、诠释以及传译，存在着多重视角和多维方法，加之对西方翻译理论囫囵吞枣式的理解，导致出现了不少翻译质量不达标的译作。文学翻译质量的低劣，严重影响到国外优秀文学作品在中国的接受。一直以来对包括文学翻译在内的翻译实践所作的批评，实质上正是对这一翻译现状所作的学理反思。翻译质量的低劣固然与译者的专业水平和译德有着直接的关

① 李明编著，《翻译批评与赏析》，武汉：武汉大学出版社，2007，第143页。

② 胡显耀，李力主编，《高级文学翻译》，北京：外语教学与研究出版社，2009，第111页。

系，但更重要的原因还是翻译大语境下舆论监督的缺失和对翻译活动的误解。对翻译研究和翻译实践的诸多误识和偏见，无形之中给翻译活动设置了诸多障碍，严重挫伤了翻译事业的良性发展。

文学作品的字里行间蕴藏着丰富的人生体验和切身感悟，文中的“弦外之音”和文学意境赋予文学创作独特的魅力，使读者产生浓厚的阅读兴趣，并给他们带来极大的审美愉悦感。要想在译入语文化语境中实现同样的目的，文学翻译的译者自然需要善于捕捉这种“弦外之音”，并将之创造性地传达给译文读者，使其具有同样的审美感受。在著名翻译家蒂里特看来，“翻译贵在发幽掘微，穷其毫末。在选词与琢句方面，要译出其文；在性格与风格方面，要译出其人；在褒贬与爱憎方面，要译出其情；在神调与语感方面要译出其声”。[①]这样的文学译文才会是栩栩如生的传神之作，否则必然是平淡无奇的乏味之作。

文学翻译的理性发展在很大程度上需要正确的舆论引导，翻译批评在此方面的作用不可小觑，因为它能够在学理和专业层面加强对文学翻译实践的监督，对翻译作品的接受起引导作用。要想产生高质量的文学译本，首先需要营造良性的翻译批评和翻译接受环境。对译者而言，原文是带有“形、文、质”规定性的“镣铐”，译者是“戴着镣铐跳舞”，其自由的发挥有严格的约束，稍有越规逾界便会给扯拉回来。正如歌德所言，好的翻译必然会引起读者对原作的神往。好译本引导读者走向原作，坏译本会消灭原作，削弱读者与原作可能的直接联系。相比创作，翻译的难度有过之而无不及。自然，“翻开第一行就译”的译者确实有些不负责任，然而漫无区别，无论什么译本都要求读者翻开第一行就懂，却也未免有些不切实际。对文学翻译作品的鉴赏，自然也有对阅读对象的基本要求，因为即便是操同一语言者，在生活阅历、学识水平、欣赏品味和个人修养方面也存在诸多的差异，更何况是两种不同语言的使用者！在最根本层面上，他们就具有因语言的不同而形成的不同思维习惯和表述方式，对作品的理解自然也会存在差异。厚翻译理论之所以受欢迎，就是因为这种理论关注文本之外的维度，强调注重副文本的作用，通过标题、章回目录、注释、注解、译序言、插图、采访、评论、私人信件等内外文本形式，更好地引导译本读者对译本的解读和接受。

对文学翻译的评判首先要基于文学元素，考察译文的信息内容、文体风格等是否切合

① 杨衍松译，《果戈里——俄国散文之父》（译序），《果戈里短篇小说选》，长沙：湖南文艺出版社，2001，第 6 页。

文学的特点，然后对照原作进行细读分析。译文分析主要有以下几种类型：译文对比、译作评析、译文审校、翻译批评、译文赏析，主要作用在于为译者提供正确的翻译思路，为读者（包括译文使用者、翻译工作者、译文委托者和译文评论家在内）提供正确的评价思路。由此可见，系统性、学理性、专业性的文学翻译评判与赏析标准是译文分析的首要和核心的要求，其原则是从译文与原文的对等度、译文的接受效果、译文的审美性等方面考察译文的忠实性、文体的契合度、语言的对等性、审美的对应性。

译文的忠实性主要表现在译文与原作在内容与风格方面的对称性、一致性和契合性。这种对等性要求译文信息准确，风格到位，内容不增不减，信息不多不少。在此意义上，编译、改译、意释等翻译活动中的常见做法实际上都算不上严格意义的翻译。文体的契合度主要是对应原文采用的体裁和语言风格。在文体上与原作的对等性，是衡量一切文学翻译的基本标准，出发点就是要还原作以本来的面目和面貌，而不至于因文体的改变而导致译文读者的误读和误解。语言风格的对等指的是在意义传达准确的基础之上，使用对等或对应的语言手段表现原作的思想，实现作者的创作意图。换言之，这不是简单意义上的文字对等，而是语言表达的对等。这主要是因为文学创作对语言形式和内容都有独到的要求，文学语言是具有高度审美性的语言形式，妥帖地传译原文的语言风格是文学翻译的首要之义。

审美的对应性主要指译文接受群体（读者）对译文接受的程度和效果。美国著名翻译理论家尤金·奈达在《翻译理论与实践》一书中对翻译工作提出了一套新概念，主张着重考虑读者对译文的反应，“衡量一部翻译作品必须首先考虑的问题，就是看译文读者会做出什么样的反应，然后将译文读者的反应与原文读者的反应加以比较。”① 从读者的客观反应考察译文质量的优劣，是读者接受理论的核心。这种以读者为中心的语言交际式翻译把翻译的重心转移到原文的内容和再现的过程及接受方面，就是强调“接受者”的反应，即接受效果。译文接受者包括两个层次的群体，一是指译文读者，二是指译文批评者。前者的视角为鉴赏，后者的视角是评判。理想的文学翻译应该实现译文读者与原文读者同样的审美感受，但实际上，这种状态很难——或者说不可能——进行衡量，也就是说在现实层面很难完全实现。由于受众群体在生活环境、教育程度、思维方式以及个体习惯等方面的

---

① Eugene A. Nida and Charles R. Taber. *The Theory and Practice of Translation*. Leiden, the Netherlands: E. J. Brill, 1969, p.4.

差异性，译文在接受者的心目中引起的联想也可能存在不同甚至截然相异，可以说完全对等的接受实际上既无法准确衡量，又难以真正实现。在这个层面，译文分析者或批评者的作用就透显了出来。

译文分析者作为翻译批评的一员，首先，要具备较高的使用两种语言文字的能力，能够娴熟自如地运用两种语言并谙熟其文化。其次，要具备较高的翻译理论素养，站在翻译研究和实践的前沿把握这一活动的真谛。再次，要具有较强的逻辑论证和推断能力，明辨是非，有一定的审美品位。再则，要具有公允的态度、敏锐的洞察力，能够对译作进行公平、公允、公正的评析，并带着豁达宽容的心态对译文进行诠释。最后，要清楚目标读者群的层次，对目标读者有明确的期望值，“总之，评判翻译特别是文学翻译，必须摆正心态，树立正确的认识。批评者要善于区分哪些是不负责、不顾译德、存心制劣造假，哪些是一时考证疏漏或学术上待探讨的，力求多些商讨性，少些片面性，切忌武断性。被批评者则要正视舆论的批评，做到兼听则明，有质疑再商讨，也可反批评。有了这样健康的翻译批评氛围，就一定会促使翻译职业道德及翻译学术水平不断地得到提高。”[①] 翻译批评包含两个层面，一是指出译本中的问题并提出建设性的修改意见，二是引导读者欣赏译本的高明之处，并对其他译者的翻译活动产生指导作用。

从原则上讲，译文应与原著语言不相上下，但过犹不及，在所难免。一般译作会略逊于原著，但也不排除少数译本能青出于蓝。译者运用“归宿语言”的能力超过作者运用“出发语言”的本领，或译本在文笔上优于原作，这都有可能。但是，翻译中的绝对对等永远是译者无法企及的一种理想，译文只是尽可能地贴近原文，文学翻译的特质性更是体现了这一点，把文学文本中的文义、文神、文体及声音之美完全同时译出，这只能是译者可遇不可求的梦想，不过这也不能作为译作质量低劣的借口。

文学翻译中，归化和异化的争议一直是存在的，在很大程度上这要取决于译者的意识形态和读者的接受趋向，实际上对于整个译本在译入语文化中的接受范围和幅度会产生决定性影响。最早有归化、异化思想萌芽的是德国神学家和翻译学家施莱尔马赫，在 1813 年的《论翻译的方法》一文中，他指出“译者要么尽量不去打扰作者，让读者向作者靠拢；

① 李景端著，《翻译编辑谈翻译》，武汉：湖北教育出版社，2009，第 111 页。

要么尽量不要去打扰读者，让作者尽量向读者靠拢。”[①]这番论述可以视为研究译者主体性的重要论断。这种思想在歌德那里也可以看到，“有两种翻译原则，一种是要使外国的作者迁移到我们这里来，以便我们能把他看作我们的同胞；另一种原则恰好相反，要求我们出发到这位外国人那里去，并且要去适应他的生活条件、他的语言结构、他的特点……一切受过教育的人士都充分了解二者的优点。”[②]归化和异化策略的选取正是彰显了译者的主体性，凸显了译者采取的翻译策略，决定了译作的基本趋向，这在20世纪上半叶英国翻译理论家波斯盖特的“前瞻式翻译”（prospective translation）和“后瞻式翻译”（retrospective translation）的区分中可见一斑，前者面向读者，后者面向原作者。当代明确强调归化和异化思想的是美国学者韦努蒂，在《译者的隐身》一书中，他为异化进行辩护，强调通过异化的翻译策略抵制文化霸权。美国翻译学者尤金·奈达和安德烈·勒菲弗尔都赞成归化的原则。然而，过度的“归化”和“异化”都是不足取的极端翻译做法。作为翻译策略，二者实际上并非矛盾对立，而可以相互补充。译者适当把握和合理权衡二者的关系，是产生优秀译作的关键所在。译学无一定之成规，且亦无所谓绝对最好之译句。所谓的“佳译”，大多都是可遇而不可求。文学翻译的历史已经证明，完全对等的翻译永远是可遇而不可求的理想，但臻于完美永远是文学译者所追求的目标。

探究翻译批评模式，需要在遵循翻译原则的基础上，借鉴文学批评的研究成果，指导翻译批评活动。“诗学误读”理论是20世纪70年代美国解构主义大师、著名文学评论家哈罗德·布鲁姆提出的一个文学批评概念，首先是作为诗论的术语问世，后来扩展到包括翻译研究在内的其他领域。哈罗德·布鲁姆认为后人对诗作的评论和解读就是对前人作品的误读或修正。他的“误读”理论之所以引起广泛关注和热议，是因为“误读”理论不仅颠覆了文学的“影响”观，而且对文学的“传统”观也进行了修正。德·曼从语言的修辞性角度分析误读，认为“语言的修辞性”一旦确立，就必然具有指意出现偏差的可能性，从而颠覆了文本的指意性。文本的本意就不再存在，一切阅读都成为误读。误读理论由现代阐释学派和接受美学派进行了深入的挖掘，也成为翻译批评的重要视角。

事实上，误读产生的主要原因是对原有文化的错误预设和思维差异。将误读引入翻译

---

① Munday Jeremy. *Introducing Translation Studies—Theories and Application*. New York: Routledge, 2001, p.28.

② 王秉钦著，《文化翻译学——文化翻译理论与实践》，天津：南开大学出版社，2007，第133—134页。

研究使视角集中到翻译过程的两个行为主体：作为原文读者的译者和译文读者。谢天振在《论文学翻译的创造性叛逆》（1992）一文中，分别从媒介者、接受者和接受环境方面对此给予了详尽阐述。随后，又在其《译介学》中一改传统译论对误译的负面评价，将翻译视为“创造性叛逆”，认为误读不仅体现了不同文化之间的碰撞、扭曲和变形，而且赋予了原作第二生命。后来他又在《翻译研究新视野》中做出进一步阐发和补充。“创造性叛逆”是法国文学社会学家埃斯卡皮在他的《文学社会学》一书中针对文学交际提出来的，认为翻译不仅延长了作品的生命，而且还赋予了它第二次生命。文学翻译中的创造性是译者以自己的艺术创造去接近和再现原作的一种主观努力；文学翻译中的叛逆性反映在翻译过程当中，是译者为了达到某一主观愿望而造成的一种译作对原作的客观背离。在文学翻译中，译者背离原作的初衷，增减、修改甚至于杜撰原作内容，无疑是对原作的背离，但这种做法又赋予原作一个新的面貌，成为一种再创造。但是，这种创造性并不是任意的，不允许对原文内容任意增删、篡改，以至于损伤原文意境。

中国翻译史上，林（纾）译小说对中国文学和社会的贡献后人难以超越。林纾在翻译过程中有意识的叛逆和创作完全可归入“创造性叛逆”范畴之内。这种有意识的叛逆有时甚至会妙笔生花，这也是林译小说对后世产生巨大影响的一大原因。纵观中外翻译史和理论研究，“创造性叛逆”的例子不胜枚举：庞德翻译的李白的诗，傅东华的《飘》的译名，苏曼殊翻译的《一朵红红的玫瑰》，勒图诺尔、伏尔泰对莎翁戏剧所作的各自的演绎，赖利格拉斯翻译的《草叶集》，等等。

翻译误读就是在翻译的过程中，由于语言、文化、个体接受等因素的差异的影响，译者自觉或不自觉地将原文扩大或缩小，脱离原文本意，或是重新创造、臆想出原文意思的一种现象。产生翻译误读的原因是多方面的，既有语言上的，也有文化上的，还有译者自身的。换言之，翻译误读的产生既有客观原因又有主观原因，误读在翻译的过程中起着积极和消极两方面的作用。

当代文学批评理论中的接受美学认为，文本意义并非作者或作品的意义，而是文本意义潜势和读者相互作用的产物。读者是文本接受的决定因素和能动的主体，读者的前理解或期待视野和审美能力，直接影响到文本的理解和接受。文本则通过本身存在的诸多未确定性和空白，召唤读者的参与和合作，从而实现读者与文本之间的互动与对话，并最终实现文本的意义。处于不同文化、不同时代的译者由于其审美经验、先在知识和期待视野的不同，对于原文本的理解和阐释自然千差万别，因此，“忠实”地再现原文本的本义或原作者的意图，也就成了一种难以企及的目标。

在这一意义上说，翻译中的误读、误译是不可避免的，也是合理的存在，它与翻译活动如影随形，贯穿于翻译活动的全过程。钱钟书先生曾在《林纾的翻译》一文中这样直观地论述过误译的不可避免性：“一国文字和另一国文字之间必然有距离，译者的理解和文风跟原作品的内容和形式之间也不会没有距离，而且译者的体会和他自己的表达能力之间还时常有距离。从一种文字出发，积寸累尺地度越过那许多距离，安稳地到达另一种文字里，这是很艰辛的历程。一路上颠顿风尘，遭遇风险，不免有所遗失或受些损伤。因此，译文总有失真和走样的地方，在意义或口吻上违背或不尽贴合原文。”[①] 这一诠释其实也印证了通天塔传说所暗喻的翻译是一项永远无法完全完成的任务，也表明翻译是一项制造缺憾的事业。

翻译中的误读一般分为三种情况：译者或译文读者由于语言能力欠缺所导致的对文本意义的误解；译者为实现译文的特殊交际目的而对原文进行的有意误读；译文读者由于文化语境的差异而产生的对译文的无意误读。这三种误读都导致了文本交际意图的传递失败，但后两种误读同时又产生了对文本意义新的阐释。从译者的主体意识来看，翻译中的误读也可以分为有意识和无意识两种：有意识的误读是指在翻译某一外国作品时，译者有意识地曲解原作，使译文呈现与原作不相符的差异性，这也就是翻译中的改写；无意识误读则是指在翻译过程中，译者由于本民族文化集体无意识的作用而产生的对原作无意识的曲解。从不同层面来看，翻译中的误读还可以分为微观层面和宏观层面的误读：文本本身的误读属微观层面；文本以外如传统、文化、历史和哲学等误读属宏观层面。从所起的作用看，翻译中的误读还可以分为积极的误读和消极的误读：对文化的发展起到积极作用的属于积极的误读，反之则是消极的误读。纵观古今中外的翻译史，可以看出，翻译中的误读表现为积极的误读居多。依据译文对原文的偏离程度，翻译中的“误读”还可分为“弱误读”和“强误读”：和原文偏离程度小的误读即为“弱误读”，反之则为“强误读”。一般来说，有意识误读是译者基于某种翻译目的而自觉采取的翻译策略，一般都是强误读。

---

① 罗新璋编，《翻译论集》，北京：商务印书馆，1984，第697页。

此外，根据译者和译文读者的误读特点，误读可以分为：译者为实现译文特殊的政治、道德、话语权利目的而对原文进行的有意误读以及译文读者处于二级交际情景下对译文的无意误读。

关联理论的语境观和德国功能学派的目的论为研究误读提供了新的视角，关联理论强调的“最佳关联”和目的论强调的“翻译的目的是第一原则”增强了误读研究的理论维度。上文提到，由于不同民族语言中文化预设的差异以及理解的历史性，使得误读成为翻译之必然。在翻译过程中译者对源语文化预设的茫然无觉会导致无意误读。有意误读则是译语文化预设与源语文化预设碰撞后所产生的扭曲与变形。这种有意误读不仅是译者对源语文化预设所做的个人选择，同时也是译者所处时代两种文化张力斗争的结果，因而也是一个时代的选择的缩影。不同时代的译者对同一源语文化预设所做出的不同选择记录了两种文化从冲撞、矛盾、抵触到相互理解、相互借鉴以及到相互尊重、相互融合的交流过程。因此，误读有其存在的合理性和历史性，翻译研究者和翻译批评家应从文化交流的目的出发，以科学的态度对待翻译中的误读，正确评价译文。

误读问题最初是随着宗教经典的诠释出现的，逐渐成为诠释学的核心问题之一。根据哲学诠释学理论，译者视域和文本视域无法很好融合、不能达成一致时做出的理解和诠释才构成翻译误读，并进而形成误译。在翻译活动中，理解的历史性使译者形成了自己最初的成见和视域，但它们往往包含着错误和偏狭的成分，是误读产生的根源。只有当译者充分地尊重文本的异质成分，面向文字背后的“事情本身”，才能和文本真正对话，并且在对话中不断摒弃和纠正错误的成见，修正和开阔自己的视域，最终与原作视域融合，形成合理的理解和诠释。然而，需要承认的是，误读是理解的历史性产物，译者视域与作者视域永远无法完全融合。

译者在翻译活动中以读者和创作者的双重身份出现，受到异质文化的阻碍与本族文化的禁锢，在这双重文化的共同作用之下，有可能使得原文本在转换过程中发生文化的扭曲、变形、缺失，出现文化误读。文化误读现象主要源于文化差异，因为人们在接触异文化时，往往很难摆脱自身文化传统的影响，总是习惯于根据自己熟知的一切或出于自身文化的需要，对异文化进行判断和解读，从而造成对异文化真实面目的背叛。

由此，对翻译产生最大阻碍的就是文化差异，包括不同民族之间的历史、宗教、法律、习俗及伦理道德等方面的差别，这些因素给译者阅读和理解原文本带来极大困难。在历史问题上，譬如第二次世界大战后的西欧文学中普遍出现一种对纳粹的恐惧和反思情绪，中国译者虽然有对日本军国主义的深切痛恨，但是仍然很难在民族感情和民族心理上真正理解西欧文学中的这种情绪。在英国历史和文学作品中对英国作为殖民国家在其殖民地的行为和做法的记载和描述，也是英语文本译为其他语言过程中，译者需要特别关注的作为殖民者和被殖民者的意识形态问题。在性别问题上，男女的性别问题也是翻译过程中处理的关键内容，譬如获得诺贝尔文学奖的奥地利女作家埃尔弗里德·耶利内克的成名作《钢琴教师》中女主人公的变态性心理和自虐及虐人的行为让很多男性无法深刻理解，因而译者在翻译异性的文学作品时往往会理解不到位甚至误解作家的原意。由此可见，翻译的过程就是排除各种文化差异和性别差异等方面的困扰，真正理解和把握原文的生产过程。

从翻译的角度可以把误读的三种情况概括如下：一是译者对原文的误读，即阐释性误读；二是译文对原文的误读，即创造性误读；三是读者对译文的误读，即延伸性误读。这三个误读既有内在的关联性，也有本质的巨大差异性。

阐释性误读主要是在翻译过程中由于文化差异和性别差异等原因造成的，这种误读不可避免，但译者又必须把它降低到最小限度。译者是一类特殊读者，普通读者只需要按照自己的方式去阅读和理解作品即可，译者却必须尽量排除各种困难使自己的理解最忠实地反映原文的情感和思想，因为译者的阐释角度和方式将直接影响译文读者对作品的理解和接受。普通读者在阅读过程中可以仁者见仁、智者见智，如果译者也见仁见智地阅读原文，将会增加阐释性误读，甚至可能使翻译偏离了原文的思想内容，最终导致文学翻译的失败。因此，在翻译过程中必须阐释最大化，误读最小化。

创造性误读是在译文生产过程中由于语言文字的转换而产生的，是整个文学翻译过程中误读最为严重的环节。不同国家和民族的语言之间，没有任何一对词汇之间能够画等号，因为它们属于不同的语言系统，存在于不同的地域，承载着不同的文化传统。用二胡演奏《生命交响曲》，用交响乐演奏《高山流水》，虽然都可以表现出音乐旋律，但其艺术效果显然大相径庭。用中文翻译英文的“十四行诗”和用英文翻译中文的律诗，翻译过程诚然会涉及对仗、平仄、押韵等问题，只要保留诗歌的精义和情感因素，完全可以利用新的语言形式进行艺术再创造。文学翻译必须合理地利用这种创造性误读，但这种创造必须在阐释性误读最小化的基础上进行，否则就会有捏造过度之嫌。

延伸性误读是文学翻译的价值实现，其主体是阅读译文的读者。这种误读是阐释性误读和创造性误读的延伸，因为读者群体面对的是译者翻译的译文，而这种译文本身就包含了前两种误读；同时它也是前面误读的延展，译文面向的是所有读者，读者在各自的阅读视野里展开自己的阅读和理解，从译文中读出自己感受最深刻的一面，最终也实现了文学翻译的翻译价值。

上文提到，误读有积极和消极两方面的作用，可以产生正反两方面的后果。从消极意义上看，误读是对原作的曲解、误解、改变，导致传播中的部分内容失败，使读者看不到异质文化的本来面貌。从积极意义上看，误读可以使原作更易传播，与读者建立交流。误读可以阐发出原作未被发掘的新意，重新发现原作的价值，甚至创造出文学或哲学名家，譬如泰戈尔被从不同角度阐释，尼采在现代被误读，都是这一现象的具体例证。误读还可以促进本民族文学的发展，甚至可能会产生质的飞跃。美国新诗运动中，庞德等对中国古典诗词的误读，以为就是简约和意象，结果有力地推进了美国现代诗歌的革新发展。因此，翻译中的“误读”有其存在的合理性。

误读的积极意义与创造力有关，但过分强调并夸大误读的积极作用并不合适。传统上，无论是在文艺批评界还是在翻译界，“误读”都是一个负面词语，被认为是一种应该避免和纠正的“失误”，而“误读”之外存在着对文本的某种“正确解读”。实际上，当代文艺批评理论中的“误读”说，恰恰是以颠覆传统的正 / 误二元对立思维模式为出发点，否定文本终极意义（本义）的存在，鼓励对文本进行多义性、创造性的阐释。

20 世纪 60 年代以来，在德里达等学者的解构主义文论思潮中，主张扬弃一元话语、二元对立、消解逻各斯中心主义、以无中心反中心和主张多元共存等，从而把误读看成是解构阅读、创造性阅读。解构主义作为对结构主义传统的反叛，宣判作者已死，使读者获得生命，误读成为人们反传统的有力工具。上文提到，关于“误读”的最深入、最系统、最具代表性的理论，当推美国著名理论批评家哈罗德 · 布鲁姆的“误读”理论。布鲁姆在他的《影响的焦虑》《误读地图》等一系列理论著作中，从积极意义上把“误读”定义为主体对作品的“创造性校正”，并认为“阅读总是一种误读”。因此，从现代阐释学的视角来看，所有的阅读都是阐释，都是误读。一部文学作品的生命力，正是在于读者在不断的误读中开采文本的矿藏，在意义的增值中增长文本的价值。

翻译会导致误读，误读是与翻译相伴的古老问题，这不但产生技术层面上的误译，而且是从一种语言到另一种语言、从一种文化语境到另一种文化语境必然带来的误读。翻译是对原作的语符、语义和文化各层面进行创造性的阐释和传达，因而也是一种误读的过程。翻译中的误读不仅是必然的，而且有其存在的价值和积极的意义。在人类漫长的文明发展史中，不同文化之间的交流往往是伴随着文化误读进行的。同样的道理，翻译作为跨文化交际最主要、最直接的形式，其中的“误读”（即误译）也是在所难免、客观存在的现象。误读、误译的情况在不同的时代比比皆是。虽然说通过翻译我们得以走近世界上的其他语言，经由认识他人来更好地认识自己，但翻译行为本身从来未能免遭质疑，这也许正是“误读”带来的结果。

从历史上看，翻译中的“误读”往往在文化交流中起着积极的推动作用，成为双方文化发展的契机。在中文语境内出现的关于名著误译的讨论，正是这一翻译现象的具体表现。作为跨文化交际主要形式的翻译中的“误读”，在特定的历史条件下，“误读”常常成为一种新的解读方式或新的视角，从而促进不同文化之间的理解和融合。

八

中国文学艺术传统

语言功能最完美、最综合的呈现就是文学语言。文学与文化的关系非常密切，文学属于文化，是文化重要的、独特的组成部分。同时，文学是文化的镜子，全景式地反映着各种文化现象。在现实中，文学与艺术经常并列而谈，多是宏观层面的概念。狭义上的文学多指各类文学创作体裁，如诗歌、小说、戏剧、散文等，艺术则指各种形态表现形式，如表演、绘画、雕塑、篆刻、书法等。在中国文学的发展历程中，古典文学是中国文学最根本的方面。从远古流传下来的原始歌谣和神话传说、故事、小说，直到五四运动以前的有价值的文学作品，统称为古典文学。

《诗经》是中国历史上最早的诗歌总集，编成于春秋时期，是西周初年至春秋中叶500年间的作品，代表了2 500多年以前诗歌创作的最高成就。《诗经》原本叫《诗》，共有诗歌305首（此外还有6篇有题目无内容，即有目无辞），因此又称《诗三百》《三百篇》。从汉朝起儒家将其奉为经典，因此称为《诗经》。《诗经》在音乐上分为风、雅、颂三部分，其中“风”是地方民歌，有十五国风，国风就是各国土乐的意思，共160篇。“雅”主要是朝廷乐歌，分为大雅和小雅，共105篇。《风》《雅》是反映周朝政治衰乱时期社会生活的作品，又称“变风”“变雅”。“颂”主要是宗庙乐歌，是祭祀时的乐曲，有《周颂》《鲁颂》《商颂》三部分，共40篇。其表现手法主要是赋、比、兴。“赋”就是铺陈，“比”就是比方和比喻，“兴”就是先言他物以引起所咏之词。《诗经》中思想和艺术价值最高的当选民歌，“饥者歌其食，劳者歌其事”，《伐檀》《硕鼠》《氓》就是“风”的代表作。

《诗经》在艺术创作上很有特色，对后代诗歌发展产生了深远的影响，成为我国古典文学现实主义传统的源头。首先，《诗经》里的作品多方面真实地反映了现实生活，表现了不同阶层人民生活中的各种感受，抒发了普通劳动大众的朴素情感。后世作家每当反对诗歌脱离社会生活的倾向时就会以《诗经》为榜样。其次，《诗经》大量运用了比、兴手法，取得了显著的艺术表达效果，大大增强了诗歌的艺术感染力，丰富了诗歌的艺术境界，这种表现手法一直被我国古代诗歌创作所继承和发展。再次，《诗经》在结构形式上也很有特色，最突出的是重章叠句的使用。重章有时表示事物进展的程度和顺序，但它更增强了诗歌的音乐性和节奏感，也更好地表达了诗人的感情，使人读之余味无穷。最后，《诗经》在体裁上也颇具特色，多是四言一句、隔句用韵，但并不拘泥，且富于变化。后世的赋多受《诗经》影响。除赋以外，颂、赞、碑、诔、箴、铭等韵文，一般都用四言句，也应该是受到《诗经》很大的影响。

春秋战国时期是中国社会发生急剧变化的时代，这一时期在中国文学史上占有重要一席之地的是先秦散文。先秦散文主要可分为历史散文和诸子散文。历史散文主要是叙事的，诸子散文主要是说理。

这一时期的历史散文主要有《春秋》《左传》《战国策》《国语》等。《春秋》是孔子编订的战国时期最早的一部编年史，记叙了从鲁隐公元年（公元前 722 年）至哀公十四年（公元前 481 年）这 242 年间发生的各国大事。孔子还对这些事件做了一些评断，选择了他认为恰当的字词来暗寓褒贬之意，这就是人们常说的“微言大义”。《左传》仿照这种体例，顺着隐公、桓公、庄公、闵公、僖公、文公、宣公、成公、襄公、昭公、定公、哀公十二个鲁国君主的序次进行记载。全书 30 卷，详细记叙了春秋时代各国的政治、外交、社会事件以及某些代表人物的活动。从文学角度来看，《左传》具有很高的艺术成就，创造了精密多样的篇章结构和富有魅力的文学语言，生动描绘了一系列人物形象，尤其擅长以委曲尽致的笔调来写复杂的战争事件。《战国策》亦称《国策》，相传为战国时期各国史官或策士辑录。西汉时，经刘向整理，编为 33 篇。《战国策》主要记叙了当时谋臣、策士游说各国或相互辩论时所提出的政治主张和斗争策略，有传记、故事、论辩、书信等体裁，内容集中反映了当时各国间尖锐而复杂的政治斗争。在艺术创作上，较之《左传》又有了发展，《战国策》常在复杂的政治事件中生动描绘人物言行，刻画出不少栩栩如生的人物形象，讲述了不少情节曲折的故事。此书尤重语言艺术，大量运用夸张、比喻、排比等修辞手段，并杂以寓言故事，呈现出鲜明的文学特色。《国语》共21卷，据说为左丘明所作，有重点地记叙了各国历史中的若干事件。其文字朴实平易，特点在长于记言，同时也善于描写人物神态。

春秋战国时期，可谓“百家竞作，九流并起”。当时出现了诸多思想流派，其代表人物纷纷著书立说，宣传自己的社会政治主张，比较重要的有儒、法、道、墨四家。诸子散文就是在先秦理性精神觉醒的背景下和百家争鸣的学术氛围中形成并繁荣起来的。诸子散文指的是战国时期各个学派的著作，不同学派的思想倾向、政治主张和哲学观点在其中得到很好的展现。诸子散文一般分为三个时期，前期代表作有《论语》《道德经》，中期代表作有《孟子》《庄子》，后期代表作有《荀子》《韩非子》《吕氏春秋》。诸子的文章，各具风采，给后代留下了深刻的启示。

楚辞汉赋是中国古代文学的代表样式之一。辞因产生于战国楚地而称楚辞，赋即铺陈之意，特征是“铺采摛文”“直书其事”。这两种文体都兼有韵文和散文的性质，是一种半诗半文的独特文体，结构宏大、辞藻华丽，讲究文采、韵律，常用夸张、铺陈的手法。《楚辞》是战国时代以屈原为代表的楚国人创作的文学作品。汉成帝时，刘向将屈原、宋玉、唐勒、景差以及西汉贾谊、淮南小山、东方朔、庄忌、王褒等和他本人的辞赋汇为一集，共16篇，定名为《楚辞》。《离骚》是屈原的代表作，是我国古代最长的一首抒情诗，共373句，2 490字。这是一部浪漫主义杰作，在这首诗中，诗人以崇高理想和炽热感情直抒情怀，迸发出了异常灿烂的光彩。《楚辞》中以屈原的作品最多，质量最高，他的《离骚》是楚辞的代表作，后人故又称楚辞这种文体为“骚体”。

从创作主体看，这个时期的创作者主要是士大夫群体。这一群体的特点是，士大夫是为政治生活而准备的，虽然未必都能够实现自己的理想，但政治是他们的价值所在，政治因此也成为其文学的核心。从体裁上看，中国文学以散文和诗歌为主体。“文”是政治的需要，诗歌是政治抒情诗。在中国文学中，小说和戏剧都出现较晚，而且也并不像诗文那样受到重视。

中国文学的发展，先秦时期历史和哲学不分开，但艺术水平很高，《庄子》就让后人极其仰慕。汉代出现赋，被认为是文学的典型样式，与历史和哲学分开。六朝时期的骈文在继承汉赋的基础上又有所发展，但骈文因其实用性而使其文学性受到影响。古文运动出现了艺术散文，作者摆脱了实用性而古文得到文学性发展，出现了“唐宋八大家”。这是中国古代散文的典范形式。

唐代的科举制度用于选拔国家官员人才，传统科举考试科目有三礼和三传，三礼是《礼记》《礼仪》《周礼》，三传是《左传》《公羊传》《穀梁传》。此外还有明法（法律）、明字（文字）、明算（算学）等科目。到了唐高宗时代，进士科开始加试诗赋。唐玄宗时，正式把诗赋定为科举的必试科目。由此，“以诗取士”的风气便骤然兴起，写诗作赋成为人们做官的一种敲门砖。科举制度文化推行“以诗取士”，使得唐代诗歌创作的繁荣成为历代之冠。

诗歌的发展是中国文学中的重要内容。在中国文化中，诗歌享有特殊的地位，曾经发挥多方面的作用。《论语·阳货》中记载：“诗，可以兴，可以观，可以群，可以怨。”孔子提出的“兴观群怨”（兴：联想；观：观察；群：合群；怨：怨恨）的理论是孔子对诗的社会作用的高度概括，是对诗的美学作用和社会教育作用的深刻认识，开创了中国文学批评的源头。

中国诗歌主要是抒情诗，叙事诗发展不够充分，这与西方有着不同。中国文学中抒情诗取得的成就其实与汉语本身有着密切的关系。汉语是由一个一个的方块字组成的表达结构，没有词形的变化，发音又有四声，形成平仄关系，因而具有特殊的声音之美，特别适合于诗歌的写作。因此，中国文学理论的概念不同于西方，西方以叙事文学为基础，发展出“典型”的概念，中国则发展出“意象”与“意境”的概念。

中国艺术如同文学一样，首先是与士大夫有着密切的关联。中国艺术强调内涵的丰富性和艺术的抒情性。传统文化中有“四艺”的说法，指的是“琴棋书画”。今天棋类归属于体育，而琴、书、画仍然是艺术。艺术的现代分类方法为表演艺术、造型艺术、语言艺术、综合艺术，与中国古代有所不同。

中国传统乐器常用“丝竹”来概括，竹即“管乐”，主要包括笛、管、笙、箫，音乐风格不同。笛有边疆风情；管子声音激越；笙是多声的乐器，多用于伴奏，也可以独奏。箫很特殊，音量不大，不适合在大型场合演奏，它与士大夫关系比较密切。吹奏乐器中还有唢呐，传统社会的婚礼常用唢呐，营造出喜庆的氛围。与箫相反，唢呐音量宏大，更带民间色彩。丝即“弦乐”，形式多样，有琴、瑟、琵琶、胡琴。琴是非常古老的乐器，传说是伏羲时期的产物。琴也是相当特殊的乐器，与士大夫的精神、情趣密切相关，留有“知音”“琴挑”等传说故事。陶渊明畜素琴，李白也有“明朝有意抱琴来”的诗句。在《山中与幽人对酌》一诗中，李白写道：

两人对酌山花开，一杯一杯复一杯。
我醉欲眠卿且去，明朝有意抱琴来。

瑟也很有名，古代常在婚礼上演奏。中文成语“琴瑟之好”和“琴瑟和谐”都出自《诗经·周南·关雎》，表明夫妻关系和谐。琴瑟是两种弦乐器名，琴瑟合奏时声音非常和谐，因此用来比喻夫妻关系和谐。李商隐的《锦瑟》则用“瑟”写出了伤感之情。

锦瑟无端五十弦，一弦一柱思华年。
庄生晓梦迷蝴蝶，望帝春心托杜鹃。
沧海月明珠有泪，蓝田日暖玉生烟。
此情可待成追忆？只是当时已惘然。

琵琶表现力极为丰富，古代有名曲《十面埋伏》，也有白居易的千古绝唱《琵琶行》，其中对琵琶的表现力做了生动的描绘。琵琶在今天也是民乐的主要乐器之一。

胡琴来自西域，后来成为民族乐器最主要的乐器之一，在民乐中的地位与西方管弦乐队的小提琴相似。胡琴又分二胡、中胡、高胡、板胡，原来也有低胡，但现在多被低音提琴代替。胡琴中还有京胡，是京剧的主要伴奏乐器。

打击乐是中国乐器中很重要的一种。传说鼓在黄帝时期就已有了，古代用于战争，击鼓进攻，有“一鼓作气”之说；而收兵用“钹”，鸣金收兵。古代城市管理又有“晨钟暮鼓”的管理方法。可见这些乐器在生活和军事方面的使用都很广泛。

中国的绘画艺术，前期比较重视形，讲究形神兼备，代表人物有晋代的顾恺之和唐代的吴道子。之后受到士大夫的影响，出现“文人画”。文人画自唐代王维起始，经宋代苏轼宣传和实践，渐成绘画主流。在形神关系上对“神”更为重视，甚至是“遗形写神”，走上了与西方绘画不同的发展道路。西方绘画讲究的是人物的比例和环境的透视关系。中国绘画并不讲究这些方面。此外，西方画就是画，而传统的中国画有画，也常常有诗、书、印，是综合性艺术形式。

在中国艺术中，书法占有非常重要的地位，其作用不亚于绘画。中国历代都有书法家，普通的读书人字也写得漂亮。唐代之后的科举考试，考官首先就看字写得怎么样。最有名的书法家是王羲之和颜真卿。王羲之是晋代人，颜真卿是唐代正直且有气节的官员，字如其人，文如其人。

中国古典戏曲表演形式颇具魅力，有强烈的地方特色，与古希腊悲喜剧、印度梵剧并称世界三大古剧。中国文化中，戏剧发展得晚一些。戏剧受到诗词多方面的影响，《西厢记》《牡丹亭》的唱词都非常优美。中国戏剧也很讲究意境，连剧名都很少用人物的名字，而常常取环境作为剧名，《西厢记》《牡丹亭》《长生殿》等都是此类取名的代表。这是中国文学艺术中体现的一种文化现象，中国小说也往往采用这种形式，如《红楼梦》《水浒传》。可见，语言、文学、艺术、文化之间有着复杂多样的交织关系。

京剧是中国戏剧中非常重要的剧种，享有国粹之誉，成就很高，在世界上也产生了很大的影响。京剧造型华丽，也非常精致。京剧以它的特色在世界戏剧中占有重要地位，尤其是它的“虚拟性”，在西方世界倍受赞誉，但京剧对西方人而言不易真正看明白。昆曲是一种更为精美和高雅的艺术，可以说达到美的极致，有阳春白雪之感。但也正因如此，它的普及性比较差。

在当今媒体影视的传播过程中，弘扬中国传统文化精神，展现中国人的精神追求和审美意趣，颂扬民族归属感、忠诚感、民族意识、家国情怀和故土情怀，这些都是艺术传播的重要内容，通过媒体的形式把其中的艺术功能、娱乐功能、教化功能很好地表现了出来。

娱乐活动中一个普遍的现象是下象棋。对象棋最早的记载出现于《楚辞·招魂》，“菎蔽象棋，有六簙些；分曹并进，遒相迫些；成枭而牟，呼五白些。”象棋的棋盘纵九横十，中间由“楚河汉界”分开，形成两个纵九横五的独立区域。在古代中国，九为阳数的极数，有至高之意。五在阳数中居中，有和谐之意；也可以表示五方（东南西北中），象征着时空的完整性。“运筹于帷幄之中，决胜于千里之外。”也是象棋体现的文化精神。棋子的存在也印证了“天生我材必有用”的观念，棋子职责分明，等级森严，每颗棋子都可以发挥无限潜能。在象棋中，最重要的不是出身地位，而是要发挥最大潜能，实现最大价值。象棋的核心思想中也蕴含着儒家强调的“忠”和“信”，透显着古人的智慧与谋略，“观棋不语真君子，举棋无悔大丈夫。”不但体现了下象棋的君子行为，也是生活中人们推崇的行为方式。

文学艺术形式在娱乐和滋养受众的同时，也为人们提供了解中华民族的一种途径。要想让其他国家和民族对中国社会和文化有更为深入的了解和更为深切的理解，就需要通过翻译这个媒介来实现这一目的。对文学艺术这类表达型文本的解读和翻译，需要的是富有艺术性的头脑和具有高度表达力的手笔，这对译者提出了不同于翻译其他文本类型的要求。在汉英翻译过程中，通过文学艺术作品实现讲不同语言的民族的文化沟通，是最为生动、形象、丰富的手段，也是表达力最强的做法。文学作品的传译也一直在传扬中国文化、弘扬中华精神的道路上发挥着其独特的作用。

小　结

以上从语言和思维与文化的关系入手，在汉英翻译的视域下探讨了中国文字的功用与翻译、中文的语言现象、汉语中的文化观念、中国学术思想、中国教育理念、中文语境内的翻译场域和文学艺术传统，从宏观的视角提供了汉英翻译的出发点和文化语境。

任何翻译，只有立足于译入语的文化语境，扎根于其本土文化，才能对所译语言有着到位的理解和诠释。翻译的第一步就是对原文的正确把握，立足于源语文化的理解才是把控原文的基础，才能够与译入语文化有着碰撞与结合，才能在真正意义上输出本土思想，利用外语讲好本国故事，传播好本国声音，在译入语语境中呈现一个立体、全面的国家形象。

在全面、整体了解本土文化的基础上，了解译介本国思想和文化的媒介，借助之实现传播的目的和效果，就需要对翻译实践、翻译教学等维度展开分析，并侧重文化现象在译入语中的移植策略和具体做法，借助于翻译实践中的文化移植案例，强调译后阶段对文化元素关注的意义和价值。

下文将从这一思路开启对中国文化译介传播语境下的汉英翻译实践、教学及语言对比研究中的文化现象、文化意识、文化移植等维度的探讨，为讲好中国故事、传播好中国声音提供学理层面的思考和实践层面的路径。

中国文化译介传播语境下的汉英翻译

从本质上看，翻译即为以语言为载体、借助于思维来传译文化、实现思想和信息沟通的过程。要全面地实现翻译的目的，在译入语文化中实现预期的翻译效果，并使得译入语受众达到跟源语受众同样的接受效果，就须对传译媒介进行研究和探讨。对于汉语和英语这两种在语言结构和思维方式方面都存在巨大差异的语言而言，在进行汉译英的过程中，译者在关注语言形式的同时，要对文化现象的转换和移植有着更为强烈的意识，并采用适当的翻译策略来实现这种翻译效果。

这一路径对翻译教学和培训就提出了具体的要求，以便培养译者高度的文化意识、文化自信和文化自觉。目前国内汉译英的翻译实践中，重视更多的是信息的传递维度，对文化信息的传递并没有予以充分的关注。翻译教学多侧重文本信息的传递，对文化内容的渗透略显不足，甚至在某些方面表现出薄弱的迹象。因此，在理论层面加大这一方面的关注和研究，有益于提高译者的文化意识，对翻译实践、教学和理论发展都具有切实的意义和价值。

翻译是技巧性极强的艺术，需要通过大量实践才能逐步提高翻译水平，从而达到娴熟表达语言、忠实传递信息的目的。英语表达力及对中国、英美文化的感悟力是做好汉英翻译之根本。汉译英的关键不仅在于对于两种语言的掌握和翻译技巧的把握，更在于在翻译之外对汉英两种语言背后的文化的了解和谙熟。文化差异在很多时候体现在语言的维度上，隐身于几乎每个语句的表达之中。

翻译不是边缘科学，但其涉及的学科超过了任何一门专业，这就对译者提出了非同寻常的要求。因此，要想在中国文化语境下使用翻译作为媒介在英语世界进行沟通和交流，首先需要提升翻译教学和培训的力度，关注翻译活动的现实，注重翻译实践的专业性，使其真正服务于现实的翻译实践。在当今讲好中国故事，在世界上展现一个立体、全面的中国形象的背景下，尤为彰显出翻译的价值和译者的使命。

一

汉译英翻译实践和教学研究

翻译实践活动是实现信息传递、沟通文化的重要桥梁，在当今社会中发挥着至关重要的作用。在真正意义上实现翻译的价值、完成翻译的使命，需要强化翻译实践的专业性和教学培训的切实性，从根本上把控翻译质量，提升译本的传递效果，为译入语受众生产符合翻译质量标准的译品。

基于以上要求，首先需要对汉译英翻译实践的现状有清醒的认识，对其中出现的问题有独到的解决方案，把中国译界存在的“翻译大国”变成“翻译强国”。其次对汉译英教学的语言进行把控，提升英语语言表达质量，关注语言之中蕴含的文化元素，并提供处理不同文化内容的思路和方法。

可见，在翻译活动层面把握译本生产的特点和要求，在翻译教学层面关注语言表达和文化元素，才能真正做到翻译活动的展开是在现实性、专业性和学术性有机统一的层面上，符合这一独特领域的本质和要求，在最大程度上实现翻译之目的。

汉译英翻译实践的现状和问题

总体而言，汉译英的质量和数量都难以与英译汉抗衡，这有历史和人为的原因。中国历史上的两次大型翻译活动就是唐朝时期的佛经翻译和五四运动时期的政治经济和文学作品的翻译，都属于“译入”式翻译，表现出国人接受外来思想、丰富自身的强烈愿望。这里探讨的汉译英翻译活动，则体现出明确的“译出”式翻译方向，表现出中国文化走出去的决心。在此层面上，研究通过汉英翻译的媒介实现中国文化外译和传播，首先需要关注翻译实践的现状和问题，譬如汉译英从业者的构成和译作的水平、汉译英的过程、具体策略和做法等，并对之进行综合、全面的分析和探讨。

翻译是依照原文信息、风格、精神，运用另一种语言再现其整体效果的艺术性再创作，是在一定的约束框架内进行的想象和写作，可以得“意”而忘“形”，充分发挥译者的主体性进行传译。然而，这种自由度是有限度的，是“戴着镣铐跳舞”，不可过度随性发挥而超越了翻译之界限。从汉译英的角度看，由于英语和汉语在结构上的差异，尤其是形合和意合的区别，在翻译实践中有必要对语境、语言结构、词序、词域等语言维度进行深入探究，这要求译者具有理论意识、专业能力和语言水平，并有机地结合这三个层面开展翻译活动。由于翻译活动高度的实践性特点，译者像任何其他实践型专业的从业人员一样，要经过长期、大量的专业训练，才能把握汉译英的操作要义和要点，才能游刃有余地在两种语言之间进行转换。由此可见，在掌握翻译技巧的基础上进行实操，是成为称职译者的首要条件。

翻译，归根结底，是译者通过思维活动和精神活动，深入体味原文的各种可能性，选择自己认为准确的所指意义，用译文的形式妥帖地表达出来。翻译尤其讲究细节，关注行文间的微妙之处，在行文措辞、色彩情感等方面都要力图传递出原文的口吻和语气。汉译英表达时，英语文字要尽量自然、自如、自在，符合译入语读者的阅读和鉴赏习惯，这对译者提出了很大的挑战。毋庸讳言，当前有些汉译英译文质量值得商榷，真正称职的译者与目前大量的翻译需求不成比例，相对较高的质量要求，有些译本也不达标。翻译的种种难点体现在一字一句的具体语言转换过程之中，概因这对语感的考察较为全面，对蕴含在语言之中的各种信息的考察较为深入，因此需要译者进行大量的前期语言输入和积累，由深厚的语言积累而自然获得的“语感”对译者妥帖传递原文起着极为关键的作用。从语言层面看，汉译英的过程最能体现译者对两种语言的感悟层次和把握程度，也是考察英语活用能力的最为得力的手段。

汉译英之难在于，由于涉猎范围之广，翻译过程中所需的具体知识和信息很难事先进行完全准备，而在实际翻译中问题也往往五花八门，让初入此行的译者感到眼花缭乱、目不暇接。英译汉时的洋腔洋调就是此种现象的表现，这类“翻译腔”非常明显，而在汉译英时又带有浓郁的汉式英语味道，也是翻译过程中的常见现象。出现这类问题的原因是译者在遣词造句上明显地是在按照中文的思路、使用英文单词进行字面上的简单堆砌，并未真正地把原文的所指用地道的英文表达出来。除去一些有意“异化”而出现的这类翻译，其他大多是因为译者的语言把控力不够和翻译专业性不足造成的问题。

英语表达要注意“Chinese English”和“China English”的区别。在我国，最早提出“中国英语”（China English）这一概念的是葛传规先生。英语的加速国际化也必然会导致英语广泛的本土化，像四书（Four Books）五经（Five Classics) 这样的英语不是 Chinese English 或 Chinglish（中式英语），而是 China English（中国英语），是具有本土特色的可以接受的译文。

汉译英的读者对象是广泛的各阶层英语人士，为适应一般读者的阅读习惯、审美兴趣以及接受能力，达到最佳的译介效果，译者应力求给目标读者提供内容充实、通俗易懂、乐于为之接受的译文。翻译固然是门学问，但在市场经济中，它首先是一种产品，有其特定的目标客户群，因而应该提供它应有的服务。译者面对的是两个客户，即原文作者和译文读者，负责任的称职译者应做到眼里有作者，胸中有读者。读原文仔细点，译文遣词行文到位些，在最大程度上适应目标读者的需求。简言之，译者最好能抱着“提供一流服务”的态度对待每一句原文和每一句译文。

翻译过程中引起翻译错误的因素固然很多，但主要原因是没能深入透彻地理解原文、对两种文化的差异性认识不足、语言储备不充分、缺乏相应的专业训练，因而造成翻译能力不足以应对翻译项目的要求。正如上文所言，根本问题还是英语积累不够、理解层次不足、表达能力欠缺，从而造成译文表达力不强，句型变化不灵活，对多义词和常见词的相关性掌握较弱。

在具体翻译过程中，具有决定性权威的是上下文。要透彻理解原文、了解两种文化的差异，应当根据上下文的语境实际情况来翻译，既要关注“text”，更要关注“context”，而不能生搬硬套字典里的释义进行翻译，这是有理论依据的，“从现象学到解构主义的德法语言哲学视语言为动态的，强调语言、文本的意义与其使用者和接受者密切相关，并受社会历史文化条件的制约，其目的还是主观与客观的矛盾统一这个老话题。突出的是伽达默尔所谓的‘阐释学处境’，其实质就是阐明在理解过程中主观与客观不可分，理解者始终处于这一处境中，不可能身处其外来明确区分主观与客观；同时文本的意义是不确定的，它在理解中不断生成，处于永远开放状态，因此有多少解读就有多少文本，‘有一千个译者就有一千个哈姆雷特’；而所谓‘译雪莱使自己成为雪莱’，其实也是‘使雪莱成为了自己’。”[①]文本的开放性决定了文本解读和阐释的多重视角，这就要求译者既要考虑文本之内的因素，也要考虑文本之外的内容，才能到位地传译文本。

由于英汉两种语言表达方式的不同，翻译过程中不能拘泥于词语的字面意思，生搬硬套或只求英汉句型上的对等，译者需要做到灵活变通。换言之，翻译过程中需要译者根据原文的内容和译入语的文化语境不断做出选择，可以说翻译的过程就是译者在灵活变通地做选择的过程。译文打散中文句子结构顺序，根据逻辑推理，重新组织译文结构，以求神似，这是汉译英的首要之义。

译文要忠实于原文，实现翻译效果，首先必须注意两种错误倾向：完全追随原文字面结构，这是机械主义；置原文于不顾，只拣认识的只言片语翻译出来、堆砌起来，这是自由主义。两种情况都是走极端，都脱离了翻译的本意，都是不足取的做法。译完后，译者应对译文进行认真校核，确保译文的句法、句义、拼写等传达了原文内容，且符合译入语的语言规范。为了确保译文质量，译者最好能养成严谨的差错校勘习惯，这一习惯要贯穿原文梳理、翻译、打字、审校、看清样等整个过程，严把翻译关。译者要做到文字通顺整洁，内容完整准确，首先要突出重点，其次要筛选信息，最后要注意信息的安排及顺序。

汉译英教学的语言把控和文化关注

从当前大学翻译课堂的具体操作来看，汉译英的教学目标、课程设置、课堂活动的安

① 黄振定，《翻译学的语言哲学基础》，上海：上海交通大学出版社，2007，第 214 页。

排都基本符合翻译专业要求。实际上，汉译英翻译课堂教学一般关注三大环节，即两种语言的娴熟、两种文化的关注以及翻译技巧的掌握。

翻译教学的基本理念是提高学生的“翻译感”，培养其动手进行翻译的实操能力。课堂教学可以利用上下文逻辑性强和篇幅足够长的文本进行操练，而不应局限于传统翻译教学侧重句子层面的翻译讲解和训练。在提供翻译理论指导的基础上，更为侧重翻译实践的整个过程，为学生提供译前准备、译中翻译和译后核校的模拟训练。翻译教学结构安排合理，从翻译的储备（作为译者应该知晓的ABCs，如上文侧重的文化、修辞与审美等）、译文分析的要素乃至翻译的具体操作，加强学生的翻译技巧和翻译综合能力，教学思路符合翻译过程的逻辑进展。教学内容的安排应注意循序渐进和各部分的衔接过渡，体现翻译的整个逻辑思维规律。翻译既是有规律和方法的“科学”，同时又是需要极大创造性和想象力的“艺术”，“学”和“术”的结合使翻译从业者浸入翻译的实际过程，身临其境地体验自己的“译者”角色。

汉语和英语是两个独立的语言个体，而语言是相通的，文化也是交融共通的，翻译承载着丰厚的文化负荷。因此，翻译不仅是一种专门的技能，而且是一门艺术，一项事业，一种追求。翻译课堂教学应选择题材广泛、趣味性强的翻译材料，呈现出语言多样性和时代特点，体现文化特色，并利用适当的翻译工具进行教学，教学采用原文、译文和翻译分析相结合的形式。在课堂教学中使学生树立正确的翻译理念，去除翻译是语言学科的错误认识，树立翻译是专业学科的理性认识，使其真正理解用在一篇译文的最后润色上的工夫要数倍于初译时所花费的工夫。

首先，语言是人类进行交际的最主要的工具。不同的思维方式和生活习俗使语言形成了不同的表达方式。上文提到，英语中的“uncle”到底是“叔父”“伯父”“姑父”“舅父”“姨夫”，没有上下文则无法分辨。英语中的“cousin”到底是男性还是女性，也得根据一定的上下文才能分清。除了亲属关系的称谓在中英两种语言中存在极大的不同之外，语言结构和思想意识方面也表现出极大的差异。拿中英文中的时间意识来看，中文里经常使用“上下五千年”表示时间的纵向关系，英文中则常用“after”和“before”表示时间的前后，而这两个时间词还可以表示空间关系，譬如“请跟我来”，可译为“After me，please.”而“They knelt before the king.”中的“before”指的是位置，因而是空间关系。这些译例充分说明了翻译最终传输的是超越语言层面的文化意识、逻辑思维及社会行为。

其次，语言是文化的一部分，并对文化的产生与发展起着重要的作用。语言是文化的载体，没有语言就没有文化；同时，语言又受文化的影响，反映文化的内容和思想。语言与文化相互作用、互为依赖，共同促成了社会的形成和发展。从语法和美学修辞上也可以看到这种情形：英文表达使用的冠词有定冠词和不定冠词，也有零冠词；中文中似是而非（paradox）的经典例子就是“他的主要特点就在于他的没有特点”。汉语里曾经出现的“中国特色、一号文件、万元户、小康、倒爷、一国两制、下海、生猛海鲜、减负、分流、下岗、利改税、费改税、资产重组、回归、东西联动”一度都是新词，带有鲜明的时代痕迹和文化特色。这些新词在源语中是新创的，在目的语中自然难以找到现成的对等词，在翻译中便免不了要采用“零翻译”的手法，或者创造新词（neologism）才能与之相适应。在这些创造性翻译的过程中，带给译入语文化语境的是译出语的文化内涵和语言特色。

因此，在汉译英教学过程中，对文化元素的关注和输入有助于传递原文信息，为英语国家的目标读者创造适宜的接受语境，更好地传播中国声音，为中国文化走出去产生更好的传播效果。具体而言，译文涉及的文化包含环境文化、风俗文化和历史文化，在翻译教学过程中应该把这些作为教学内容的重要部分。

环境文化指的是所处地域的自然环境和人文环境所形成的文化，表现在不同民族对一种现象或事物采用不同的言语形式来表达。根据跨文化交际学，特定的生长环境使人们养成了特定的思维定式，一个国家的地理条件在不同程度上对文化起着关键作用。传统的中国人仿佛是面朝过去站着，把已经发生的事情看成在前面，而把待发生的事情看成在后面，形成了与西方不同的时空概念。中文的“他五岁的时候，生了一场伤寒病，变成了聋子。”译成英文是：“He became deaf at the age of five after an attack of typhoid fever.”从这两句中文和英文的表达可以看出，译者的处理体现了两种文化中时间观的差异。

在中国人的心目中，“东风”象征温暖，带来万物复苏的春天，故有“东风报春”之说。英国的“东风”是从欧洲大陆北部吹来的，给人的感觉是阴冷，让人产生不适之感。相反，“西风”为英伦三岛送去春天，故有“西风报春”之说。在翻译此类带有显著环境文化色彩的信息时，译者需要关注环境文化造成的思维差异，并在译文中进行适当的处理。

风俗文化是指贯穿于日常社会生活和交际活动中由民族的风俗习惯形成的文化，是长期以来约定俗成的民族惯例。这不仅仅在不同国家中都存在，即便是同一国家内的不同民族也有大相径庭的风俗习惯。处理带有独特风俗习惯的内容时，译者要具有敏锐的意识，识别出原文中呈现的风俗文化元素，并在译文中进行妥当的再现。

历史文化是在各个民族长期发展过程中沉淀下来的，中文里的历史人物和典故举不胜举，像诸葛亮、鲁班这样的历史人物和“冯唐易老，李广难封”“嫦娥奔月”这样的历史文化典故是汉英翻译中司空见惯的内容。英文中亦是如此，英国伟大作家莎士比亚作品中的许多人物本身已成为英语世界的典故。“Many took to gambling and got in over their heads borrowing from Shylocks to pay their debts.”这里的“夏洛克”已经成为贪婪凶狠的商人形象，夏洛克是出自莎士比亚剧作《威尼斯商人》的一个无情贪婪的商人。

除了以上维度之外，翻译教学还需贴近现实，关注社会生活中独特的文化现象，并用符合译入语习惯的方式传递出来。标语口号和公示就是一个需要特别关注的方面，此类表达言简意赅，传递的是呼吁、要求、号召的信息。中文此类表达的语气强烈，传递出来的信息多是禁做之意。在翻译过程中，译者需要注意英语在表达此类中文否定式时多用肯定句。“油漆未干！”在英语中的对应表达是“Wet Paint!”，“顾客止步”用“Staff Only”来表达，而“禁止车辆通行”则译为“Closed to Traffic”，“请勿践踏草坪”对应的英文是“Keep off the grass.”。从这些中英对照的译例中可以看出，表达禁止等语气和态度时，中英文的视角存在很大不同，在语言表达上也表现得很明显。日常生活中也有语气委婉的规劝和要求，“请保管好个人物品”通常译为“Take care of your personal belongings.”，“老人优先上车”则译为“Senior citizen first.”。凡此种种都是翻译课堂教学需要充分强调的方面，如此才能为翻译学习者提供处理两种语言的思维和视角，为合格译员的培养提供充分的专业训练。

具备了专业的翻译训练，译者就有了一定的文化意识和文化态度，在汉译英时可以把握好处理译文的尺度和分寸。译者对文化差异的妥帖处理，不仅使译文符合译入语文化习惯，还将源语的功能意义完整地转译到译文中，实现汉英翻译的交际功能，达到译文传播中华文化的效果。

二

汉英对比研究的语言与文化视角

从语言与文化的视角出发，中译英的关注点主要体现在四个层面：首先，词语层面。汉语与英语词语在意义、色彩、搭配、语域、文化联想方面的迥异，使其蕴含着浓郁的“文化色彩”。其次，句法结构层面。中文“意合结构”（平行结构）/ 隐性表述与英文“形合结构”（交互结构）/ 显性表述对思维习惯产生着诸多无形的影响，从而形成不同的思维层次和思维模式。再次，段落层面。汉语段落的“交错感”与英文段落的“垂直感”形成了纵横交织与纵向思维的排列组合的差异，进而形成了大相径庭的表述方式。最后，语篇层面。语篇中折射出来的文化内容实际上勾勒出的是所处语境的文化架构。

汉语与英语的对比研究主要从两种语言的特点、结构、表达以及思维的差异入手，探讨汉译英翻译教学和实践中“汉语文化现象”的转换策略。具体是在中文思维和文化习惯的基础上，研究汉语词语的“文化色彩”、汉语句子的“意合结构”、汉语段落的“隐性逻辑”以及汉语语篇的“文化架构”如何妥当、到位地转换成英文的对应表达，实现原文信息的忠实传递，尤其关注其中蕴含的独特汉语文化信息移植入英语语境中的具体做法。

结合本书第一部分对中国文化内容的介绍，本节首先从两种语言现象入手，分析语言结构及表达方式的异同，并以语言中透显出来的不同文化现象作为探讨的背景，强调在文化意识下达到文化信息的译介传播效果。

词语层面的意义和联想

汉语与英语词语在意义、色彩、搭配、语域、文化联想等方面有相同点，但更多的是不同点。英国语言学家杰弗里·利奇（Geoffrey Leech）在他的 *Semantics: The Study of Meaning*（1974）一书中把语言的意义定义为概念意义（conceptual meaning）、含蓄意义（connotative meaning）、社会意义（social meaning）、情感意义（affective meaning）、反映意义（reflected meaning）、搭配意义（collocative meaning）、主题意义（thematic meaning），这七个层面从不同角度概括了词语的内涵和外延，譬如含蓄意义是一种不确定的、开放型的意义，对它的理解往往因时、因地、因人而异。词语在人们的心目中都有一定的含义，"据调查，日本人最喜欢的汉字为"诚""梦""爱""愁""美"等。中国人最喜欢的汉字为"福""寿""喜""乐"等。根据美国作家 Irving Wallace 选出的最美丽的英文单词是 chime（钟鸣，和谐）、golden（金色的）、lullaby（摇篮曲）、melocy（旋律）、murmuring（低语）等。"[①] 在汉译英过程中，词语意义的选择是进行翻译的初步阶段，也是颇有难度的一个环节，具有文化色彩意义的词语在处理过程中需要格外关注。

从实词的角度看，汉英词语在层次上存在五种对应情况：即完全对等、多词同义、一词多义、词义交织、无对等词语。如果用中文中常见的面部表情——"笑"作为例子进行说明，可以一窥其中的词语对应关系。笑是一种表示内心情感的面部表情，基本意义有"愉快喜悦"之意，也有"讥笑嘲讽"之意，具有不同层次的含义：微笑（smile）、大笑（laugh）、露齿而笑（grin）、痴笑（giggle）、窃笑（titter）、咯咯地笑（cackle）、暗笑（chuckle）、哈哈大笑（chortle）、狂笑（roar）。这对译者而言不仅是词语的选择，更多地是辨别"笑"在不同语境中表现出来的不同层次的语义。中国历史上记载了很多关于"笑"的传说，如烽火戏诸侯中周幽王的宠妃褒姒的"笑"、"五十步笑百步"的"笑"，以及文学作品中关于"笑"的刻画，如杜牧的"一骑红尘妃子笑"。这些具有丰富文化内容的词语充分印证了翻译的过程就是译者在不断做出选择的过程。

中文的"神"字在汉语中的使用很多，构成的搭配也具有不同的含义和联想，在汉译英过程中需要译者特别注意。下面用"神"的词语为例进行说明："神经病"是"deliration"

① 李建军，《文化翻译论》，上海：复旦大学出版社，2010，第 47 页。

或“neuropathy”,“神乎其神”对应的是“fantastic”,“wonderful”,“miraculous”,“神人共鉴”是“May it be taken as evidence both by gods and men”。同一个“神”字出现在不同的词语中就产生了不同的含义，在英文中的表达看起来也没有很大的关联性。这体现出语境对选词的重要性，也体现出“Proper words in proper places makes the true definition of style.”（词语选择的标准只有是否合适）。因此，语境是决定语义的唯一因素，“适度性”或“契合性”是衡量选词是否到位的首要标准。

在两种语言中，动词都是使用频率极高的词类，汉译英动词的选择要注意语域、色彩、搭配、表达习惯等维度。“说”是极为常用的中文字，在英文中有不少对应词，如 say，talk，tell，speak，remark，observe，utter，share，demand，offer，join，charge，protest 等，汉译英时，在不同语境选择合适的“说”就是基本的选词要求。在“说曹操，曹操就到。”这句俗语中，可以采用英文具有同样风格的“Speak of the devil，and he is sure to come.”来表达。“这幅画像栩栩如生。”用“The portrait speaks.”，“狗嘴里长不出象牙。”则可用“A filthy mouth cannot utter decent language.”。一词多义表示一个中文词的各个意义分别与英语中几个不同的词、词组相对应，其具体意义只有联系上下文才能确定。脱离了上下文，孤立地译一个词就很难确切表达该词的真正含义。

根据杰弗里·利奇的语义分类，汉译英选词时既要注意词语的基本义，又要注意其拓展义和引申义，关注字里行间蕴含的含蓄意义，识别其中含有的情感意义。可见，因文化背景和语境的不同，翻译时词语的选择对译者的要求很高，不仅仅是语言层面，在更大程度上还涉及社会层面和心理层面，体现的是文化意识和意涵。

句法层面的思维和逻辑

语言结构的不同会引发意义的差异，进而形成讲话者不同的思维模式。中文的“意合结构”/ 平行结构 / 隐性表述与英文的“形合结构”/ 交互结构 / 显性表述对思维习惯的影响在汉英两种语言中表现得较为明显。从汉英翻译的视角看，翻译过程中要注意原文中蕴含的隐形逻辑，从其平行结构内涵的逻辑关系出发，转换成译文的显性表达逻辑。这要求译者采用句型转换、句序调整等方式，厘清其中的逻辑思路，用英文的句型句式表述出来原文的信息。

整个翻译过程可分为译前、译中和译后三个阶段，对译本生产和接受都起着关键的作用。译中阶段有两步——理解和表达，都涉及对句法层面的处理。从理解的角度看，需要对原文的结构进行分析和调整；从表达的角度看，需要对译文的结构进行排列和整合。结构上的排列和整合体现了其所属语言的思维和逻辑，译者首先要对原文的语言结构进行分析，从语言的表层结构进入到深层结构，透过表象的表述，把握语言结构透显的实质内容。中文是表意文字，意义基本上是通过文字本身传递出来的，而不特别凸显语言形式。英文属于字母文字，意义在相当程度上要借助于形式来表达，语言结构的作用较为明显。

汉译英的实际翻译过程中，从句法层面看，首先需要根据中文句子逻辑对其内容进行拆分，把各个小句根据意群进行调整，然后依据英文句子结构形式进行重新排列和组合。由于英文形合结构的特点，中文的小句可以转换为英文的非谓语形式、介词短语、独立主格结构等英语结构形式；句型上也可进行转换，简单句、并列句、复合句交互使用；语态语气方面也可多加运用，譬如英文中被动语态的使用要比中文的被动形式多，汉译英时可多使用这种语态形式。英文中的虚拟语气具有很强的表达力，除了表述不可能发生的事情，还可以表示语气的婉转和委婉的否定，因此汉译英时也是非常有用的语言形式。

为了提高译文质量，译者要关注两种语言的结构特点，把控好句法层面的思维和逻辑，划分意群，拆分句子，整合内容，用妥当的英文结构表达出来。此外，译者还要养成严谨的差错校勘习惯，贯穿原文梳理、翻译、审校、看清样等整个过程，这样就可以确保整个译文的一致性。

段落层面的拆分和组合

翻译过程中需要对语言的不同层面进行处理，词语和句子属于微观层面，段落属于中间层面，篇章属于宏观层面。上文对词语和句子层面进行了分析，本部分着重强调译者应对段落层面的内容和形式予以充分的关注。从汉英翻译的视角看，中文段落的“交错感”（纵横交错）与英文段落的“垂直感”（纵向思维）在翻译中是译者首先需要关注的方面。这种差异性要求译者把段落间的逻辑关系再现出来，也就是注意意合和形合在段落之间的体现，突出过渡、衔接和连贯在关联段落之间逻辑关系方面的作用。

在段落层面，关键的因素在于原文的内在逻辑关系如何在这一层次再现出来。原文可以通过不同手段来建立段落间的逻辑，过渡词和过渡句可以勾连段落内部和段落之间的关联，过渡段也可以把上下段之间的逻辑有机地联系起来。在汉译英过程中，可以通过拆分段落和组合段落的方式实现这一翻译效果。依据原文段落的内容，根据句子的意群，拆分和组合成符合译文思维的段落形式。在此过程中，可以根据译文表达习惯，调整句子内部信息的位置，也可以调换句子的位置，使整个段落的表达主题明确，前后文的思想相互照应，具有内在的连贯性。

从段落层面处理原文的语句，要求译者对原文本的篇章结构有整体性的把握，确保原文信息不缺失、不增补，不会导致译入语受众的误读或误解。这是因为，在段落层面的调整，有时会大动干戈，可能会涉及语言结构的不同层面，就会在语句表达或顺序方面产生变化，有时候这种变化看起来微不足道，但实际上又会产生严重问题。因此，译者在段落层面的处理，需要以原文为根本点，以译入语为参照点，合理地进行调整和转换。

在实际翻译过程中，称职的译者会根据段落的内容、位置等灵活运用翻译手段加以处理，而不会拘泥于原文段落的安排。英文的段落大多会关注一个方面或者一个维度，内容相对比较聚焦。中文的段落则比较松散，不会过于聚焦某一个点，尤其是散文的写作更为扩散。在翻译中文的段落时，译者应该充分考虑两种语言在谋篇布局和段落安排方面的差异，并运用适合英文段落安排的形式加以处理。

总体而言，对段落的处理是在对译文整体结构的充分掌控基础上展开的，不可孤立地对某个段落进行调整和转换。译文是在内容和结构上都很完善的整体，折射出来的是译者对原文的诠释和再现，任何调整都是围绕这个整体展开的。因此，需要进行宏观的把握和微观的调整，才能在真正意义上实现段落拆分和组合的目的，更好地实现整个篇章的翻译目的。

三

汉英翻译教学中文化意识的培养

汉英翻译教学中往往容易较多关注语言层面，而忽视对翻译学习者文化意识的培养。这样的培养方式会造成学习者过度重视语言层面的翻译技能的训练，对语言背后的文化认识不足，从而出现各种隐形翻译问题。要突破汉英翻译教学中单方面强调“语言”的教学思路形成的瓶颈，就需要在课堂和课下加强“文化意识”的培养。

翻译教学涉及两个层面：课上和课下，前者要求翻译教师对翻译知识进行讲解并对翻译技能进行分析，后者要求翻译学习者依据课堂内容进行翻译训练，通过翻译习作巩固课堂所学。从文化意识的角度看，这两个方面的结合可以促进学习者对文本中文化信息的感知，并通过文本翻译把相关文化信息传递出去。

翻译课堂应加强汉语文化内容的渗透与灌输。要想取得汉英翻译课堂的教学效果，翻译教师需从两个方面入手，即应突出“汉语文化 + 英语语言”这两个方面，有意识地培养学生的“两种语言”“两种文化”意识。这是因为，强调翻译中的文化元素，是无法脱离语言这一环境的。

首先，课堂内容首先要涉及中国文化的相关元素，而且讲解和分析必须是客观的、综合的、全面的文化知识。翻译课堂的教学对象是潜在的译者，教学内容要为其未来的职业进行准备。从汉英翻译的视角看，要对文本中涉及的中国文化的不同方面进行分析和诠释，多维度阐释中国文化的内涵，全方位地揭示中华文明的实质，为翻译学习者进行宏观方面的文化储备进行前期准备。

其次，课堂教学要关注培养翻译学习者对英汉两种语言的娴熟掌控能力，摒弃对母语和外语的偏颇认识，在文化认知的基础上理解语言。从汉英翻译的角度看，尤其要培养翻译学习者对中文的理解力，对语言中的文化现象进行专业到位的解读，掌握从译者的角度处理语言中文化现象的技能。

最后，在汉英翻译的表达层面，要训练翻译学习者对译入语读者在文化接受方面的意识，并对中国文化传译到英语世界的传播效果进行分析。译者只要具备了这种文化间沟通的意识，真正把握了文化传译的价值，就能在实际翻译过程中把握好文化维度。

翻译学习者业务能力的提升需要大量翻译实践的积累，译者的实操能力往往是在大量翻译练习的基础上培养出来的，其中文化现象的翻译要求译者具备对文化元素的认识以及处理文化现象的翻译能力。矛盾的《蚀》三部曲之一的《动摇》里有这样一段对话：

胡太太叹了口气，看见胡国光还是一肚子心事似的踱方步。

“张铁嘴怎么说的？”胡太太惴惴地问。

“很好，不用瞎担心了。我还有委员的福分呢！”

“么事的桂圆？”

“是委员！从前行的是大人老爷，现在行委员了！你还不明白？”

钱歌川的译文：

Madame Hu gave a sigh and watched her husband anxiously pacing about as before.

“What did Chang Tieh-tsui say?” she asked timidly.

“He gave me very good news. We need not look for trouble. I have the possibility of being a member of a committee.”

“What’s a Common tea?” asked the wife, who only vaguely caught the sound.

“A committee! Lords and esquires are out of date, and the prevailing nomination is to a committee! Don’t you still understand?”

茅盾的《动摇》这部小说中，胡国光是大革命时期混进革命队伍里的湖北一个县城里的土豪劣绅，节选的这部分是他当上委员之后和妻子的对话。概因谐音的缘故，原文中的“委员”被胡太太听成了“桂圆”，符合她的角色身份，有其中文表达发音方面的合理性。如果照字面意思直译，英文中表示“委员”和“桂圆”的词语在发音上并无任何关联性，译文读者就会不知所云。此处译者把“桂圆”处理为“Common tea’，在语音上与“委员”（committee）相似，咋一听还以为是同一个词语，而且中文的“桂圆”和英文的“Common tea”同属于食品，这样的创造性翻译处理可以在译入语文化中形成近乎一致的表达效果。

如上例所示，翻译过程中会遇到形形色色的各类问题，涉及语言层面、思维层面、文化层面、习俗层面等。应对翻译过程中可能出现的问题及障碍，对译者的主体性提出了巨大的挑战，这也应成为翻译教学中着重教导的一个维度。巴别塔的故事对翻译活动的暗喻是：当上帝驱散人类并变乱其语言时，就已经在一瞬间把翻译这项工作强加于人类，同时又禁止人类翻译的完全实现。这样一个悖论明确了翻译活动的必要性，却也意味着翻译在绝对意义上是不可能完成的任务，这就预示了译者地位的尴尬。从对翻译中文化因素的处理来看，解决问题的路径和方法要求思维的灵活转换。在了解翻译技巧的基础上进行训练，是成为称职译者的首要条件。中译英时的最大问题是，译文在遣词造句上明显是中文的思维方式，如果用英文进行简单堆砌，并未真正地把原文的所指用地道的英文表达出来。汉译英出现误译的原因固然很多，但主要原因是没能深入透彻地理解课文、对两种文化的差异认识不足、缺乏相应的训练，因而翻译能力达不到翻译项目的要求。

课下翻译训练应成为课堂翻译教学的有益补充，翻译训练中工具书的使用是这一过程中不可或缺的一环。因此，学会合理地运用工具书，应是汉译英教学中的一个重要内容。授之以鱼，不如授之以渔。掌握了工具使用的正确方法，培养出来的才是真正意义上的翻译人才。“字典不可不查（包括一切参考书、工具书），而且还要查得非常仔细。但查完字典，就得摆脱字典释义的束缚，开动脑筋，活泼地思考。”[①] 工具书是译者的助手，是翻译参照的工具，而不应成为译者翻译实践活动的约束制约。

① 罗选民，《外国文学翻译在中国》，合肥：安徽文艺出版社，2003，第 91 页。

四

汉语文化现象在英文中的移植策略

从上文分析可以看出，解析汉语文化现象已经成为汉译英必须应对的方面，在翻译实践中有必要对中文词意、词序、语言结构、语境等语言方面进行整合，综合考虑这些维度对于汉英翻译活动的重要性。

从词语的翻译机制与处理手法看，汉字具有表意文字的特点，因而在音、形、义方面有不同于英文的独到之处。汉译英的一大难题是，具有中国特色的词语在英语中往往很难找到适当的对等词，汉语的人名、地名、官衔、天文、节气等具有文化特色的现象，在翻译时是应该照搬，还是有所转换，抑或是完全转变，这些都是译者面对的切实问题。对当今译者而言，这一问题已不是严格意义上的问题了，因为此类专有名词大多都已有专有译名，译者需要做的就是知道在何时、到何处去查找这类译名的官方权威译本。

从句型结构的传译看，由于思维习惯的不同，汉译英时必须要进行句型结构的转换，从句子重心、句子焦点以及习惯表达方面进行必要的调整。众所周知，中国人往往采用由远及近、由大到小、由先而后的聚拢型归纳式思维方式。西方人习惯使用由近及远、由小到大、由后而先的发散型演绎式的思维方式。有学者认为“东西方的思维差异主要表现为：以“观物取象、立象尽意、设象喻理、取象类比”的东方具象思维与以“以个察群、观物成思、借思成理”的西方的抽象思维的差异；受各自传统文化的影响，形成“重综合”的东方文化整体思维与“重分析”的西方文化分析思维的差异；从自身到自然宇宙的东方本体思维和从自然宇宙到自身的西方客体思维的差异。”[1]这些思维方式的差异直接形成了两种不同的文化气质，汉译英时对这些文化现象的移植成为译者的必要任务。

从修辞手段的角度看，修辞手段往往涉及“形象”转换的问题，因此与文化现象的联系尤为密切。在翻译汉语修辞句时，要通观相关移植能否忠实传递中文蕴含的丰富文化形象和联想。由于修辞手段在语言表达方面的生动性和丰富性，汉译英过程中涉及的文化元素较多，处理起来颇费力气。

从习惯用语来看，汉语中存在大量的成语、典故、习语、谚语、俗语、歇后语等约定俗成的表达方式，言简意赅、切中时弊，是中国独特的文化现象在语言中的具体再现。翻译时应寻求与英文中具有共性的内容，并允许具有“洋味”表达的存在，即求同存异。

对“可译”与“不可译”问题的探讨，其实正是对翻译中文化因素能否以及如何传递的思考与研究。如何处理“不可译”文化现象，成为中译英的一大难题。譬如，集音韵、形式与意义为一体的诗歌是否可译，一直都是“仁者见仁，智者见智”的问题。一般而言，诗歌翻译时形象的保留与转换、叙事视角的切换、译文风格的处理都是译者无法绕过而且难以逾越的问题。

本节采用译例对照的方法，探讨“汉语文化现象”移植入英文中的策略和具体处理手法，这种研究非常必要，因为从汉英翻译的角度看，对汉语文化现象的关注，更多的是对源语中的文化元素进行剖析和翻译处理。离开文化语境，翻译处理只能是无源之水、无本之木。

词语的翻译机制

由于汉字在音、形、义方面的独特性，汉译英的一大难题是，具有中国特色的词语与表达在英语中往往找不到对应词，如上文提到的汉语人名、地名、官衔、天文、节气等都带有丰富的文化信息，这些词语往往会因此引发相关联想。因此，在处理这类词语的时候，是照搬，是转换，还是零翻译？这是译者必须解决的首要问题。

[1] 李建军，《文化翻译论》，上海：复旦大学出版社，2010，第 83 页。

中国传统社会由于大家族的关系，家庭称谓非常复杂，导致在中英文转换过程中关于亲属关系的称谓难以处理。跟英文不同，在中文中找不出表示“姐”或“妹”的同一个字词，“姊妹”超越了“姐妹”的含义和所指。中文的“叔父”“伯父”“姑父”“舅父”“姨夫”译成英语统统是“uncle”。由于中文词语的独特性，一个字词所具有的含义和联想跟其他词大为不同，有些近义词在意义上存在细微的差异，翻译时字对字的翻译很难传递出原词的意旨，有时还会造成语义空缺的现象。“秋风秋雨愁煞人”这句话不仅呈现出丰富的意境，而且还在字音、字形方面展现了中文富有特色的表达力。全句水乳交融，“秋风秋雨愁煞人”给人一种“愁风愁雨愁煞人”之感。“秋”与“愁”在联结中相互提携，产生了比这两个字单纯的所指意义更深更广的能指含义。

翻译此类语句，对译者而言着实是种挑战，好的译文真是可遇不可求，因为这不仅要求译者具备处理两种语言的能力，还要求具备对这两种语言本身的适应性。把这句话译为“Sad autumn wind and autumn rain has saddened men.”译者注意到了原文的三个意象“秋风”“秋雨”“愁煞人”，利用 sad（及变体“sadden”）和 autumn 的重复，分别处理为“Sad autumn wind”“autumn rain”“has saddened men”，透过凄风苦雨的景色营造出郁闷焦苦的心灵氛围。

汉译英词语的选择要根据具体语境和语义进行处理，尤其要注意词语的语域。翻译过程中经常会遇到专有名称的翻译，译者就要针对具体语境选择妥当的词语进行翻译。央视电视栏目的英译名就要体现作为国家媒体的权威性和准确性，“焦点访谈”译为“Topics in Focus”，“东方时空”译为“Oriental Horizon”，像“Focus”“Horizon”这类用词既展现了栏目的视角，也体现了传媒自身的特点，可谓一举两得。“科技博览”译为“Science and Technology Review”，“天涯共此时”，译为“Time Together across the Strait”较为妥帖地传递出栏目的内容及风格。可见，语域和语境在这一层面对于妥当地选词真的非常重要。

以下就从中文词语入手，分析汉英翻译过程中经常采用的具体翻译方法。

汉英翻译中会涉及诸多中国文化的信息，可以采用直译加文内注的方法，既直观地把原文内容表达了出来，又通过加注把文化内涵信息传递了出来。“菜篮子工程”可译为“shopping basket program—a program for increasing nonstaple food production”，“安居乐业”可译为“comfortable housing project—a project for low income, urban residents”，这种

处理手法既直观又清晰，能够较好地传递原文信息。相比之下，意译法处理为“economic and functional building”，基本信息也传递了出来，但不够具体生动，所以信息型文本更倾向于这种处理方法。

政论性或经济类文本里多有比喻或形象的出现，对此类文体的翻译，可以采用释义法。这种方法可以把原文中内含的信息表象化，这是根据中英两种语言的意合结构和形合结构的差异而采取的翻译方法。在释义法的框架内，“下海”可以译成“go into business”，“减员增效”可处理为“increase efficiency by downsizing staff”，“下岗分流”可译为“help laid-off workers find new jobs”，“抓大放小”可译为“manage large enterprises well while easing control over small ones”，“实现小康目标”可译为“achieve the goal of ensuring our people a relatively comfortable life”。可以看出，中文用语比较简明扼要（concise），英译文用语显然更为具体精准（precise）。

在汉英翻译过程中，处理字词的翻译也可采用直译和意译相结合的方法，即根据中文信息，在英文表达时采用部分直译、部分意译的方法。在这种直译和意译相结合的思路下，“水货”可译为“smuggled goods”，“灰色收入”可译为“income from moonlighting”，“暴利”可译为“windfall profit”，“拳头产品”可译为“knockout products”。直译与意译相结合的方法可以汲取两者处理手法的优势，更为妥帖地传递原文信息。

遇到富有文化特色词语的翻译，也可采用移译法进行处理。这种翻译方法可以利用译入语的语言优势，在形式和信息上进行移植，契合译入语的表达习惯。中文中称呼财富很多的人为“大款”，这个词语可以借用英文的“fat cat”来表达，是“阔佬”和“大亨”的意思，生动形象，能够传达出原文的意义。现在大学里的“校招”可借用“milk round”来传译，该词的基本义就是英国各大公司每年到高等学校进行的巡回招聘。其实这个校园招聘的英文对等词还有个更正式的用语，就是“on-campus recruitment”。中文里“白条”使用很频繁，是“借据”“欠条”的非正式用语，其对应的英文可以是“IOU note”。牛津词典对 IOU 的解释是“a written promise that you will pay somebody the money you owe them”，是“I owe you”的缩写。借鉴译入语中的对应词语，可以更好地传译原文词语的口吻和风格。

中文里叠字的使用频率较高，多用来表示“增义”，即增加语义，如“事事”“斤斤”“一群群”；有的表示“强义”，即增强语意，如“轻轻（的）”“刚刚”“一口一口（地）”；也有表示“弱义”，即减缓语义，如“试试”“看一看”“考虑考虑”“进屋来暖和暖和”。此类词语也是中文语言的一种独特形式，英译时处理手法不一。下面以中文叠字的英译入手，探讨汉英翻译时字词处理的手段，增强词语的表达力度。

可以借助 every、every-、all、each 等表示全部或每个的词语来转换，以表达“增义”的语义。

[原文] 不要斤斤计较。

[译文] Do not haggle over every ounce.

[原文] 地里的活她样样都会。

[译文] She knows how to do every kind of farm work.

[原文] 他们的战术是步步为营、稳扎稳打。

[译文] Their tactics is to go ahead steadily and entrench themselves at every step, and then strike sure blows.

采用同词连续反复的方法也可以翻译此类中文词语。英语中，同一个词中间用介词（after，in，to，upon，with 等）连接起来使用，然后用“and”连接起来连续使用，也可以用连字符连接起来使用，或者用逗号隔开重叠使用。此外，英文两个实词用“and”连接也可以。这种方法被称之为同词连续反复，类似于汉语重叠现象。

[原文] 一天一天、一年一年，他们顽强地生活和战斗在荒山野林里。

[译文] Day after day and year after year，they fought and lived stubbornly in the wild mountains and forests.

[原文] 洪水慢慢地退了。

[译文] Little by little the flood water receded.

[原文] 他读啊读，读了整整一天，终于把这本书读完了。

[译文] He read and read，and finally got the book through after a whole day.

采用英语数词或量词的复数形式进行翻译，也可以表达中文叠词的“增义”或“强义”语义。

[原文] 学生们三三两两地坐在教室里。

[译文] The students were seated in the classroom by twos and threes.（数词复数）

[原文] 山林炊烟缕缕上升。

[译文] Wisps of smoke rose continuously from the mountain village chimneys.（量词复数）

[原文] 大批大批的物资被立即送往地震灾区。

[译文] Thousands of goods and materials are immediately sent to the earthquake-stricken area.（数词复数）

使用语义相符的英语表达方式或语法结构也可以表达中文叠词的“强义”语义。

[原文] 他们听着听着不觉哈哈大笑起来。

[译文] As they listened they burst into laughter.

[原文] 我的事情太多了，做都做不完。

[译文] There are too many things for me to attend to.

[原文] 他很听话，我们的话句句听。

[译文] He was very obedient and always did as we told him.

采用使动词“have（make，take，give，etc）+ 名词”的结构翻译汉语动词重叠形式，所表达的多为一次性或尝试性动作。此结构中的名词大多与动作动词有词源关系。

[原文] 你们只可以吓一吓他，可别把他打伤了。

[译文] You may well give him a fright, but be sure not to wound him.

[原文] 让他试试那件大衣。

[译文] Let him have a try on the coat.

[原文] 请闻一闻牛奶的气味。

[译文] Please take a smell at the milk.

使用英语的回声词（echo-word）翻译汉语的叠词，也是一种很好的处理手段。回声词通过间接摹声来象征语义，与汉语的叠词颇为类似，带有明显的音乐性，能够产生很好的修辞效果，可用来表达叠词的“增义”或“强义”语义。

[原文] 爱情在他们心里噗噗地跳。

[译文] Love pit-patted in their hearts.

[原文] 那条小径曲曲折折通向山顶。

[译文] The path zigzags up the hill.

[原文] 表演场地上让比赛车塞得满满的。

[译文] Exhibition floors were chock-a-block with racing and sports cars.

[原文] 我们不得不零零星星地偿付。

[译文] We have to pay in dribs and drabs.

[原文] 我们要求把事情完全摆在桌面上，而不是鬼鬼祟祟。

[译文] We wanted things to be completely above board and no hanky-panky.

采用英语头韵、尾韵等语音形式表达语义，也是中文叠词英译过程中经常使用的手法，可以表达叠词的“增义”或“强义”的语义。

[原文] 青青河畔草，郁郁园中柳。

[译文] Green grows the grass upon the bank, the willow-shoots are long and lank.

[原文] 寻寻觅觅，冷冷清清，凄凄惨惨戚戚。

[译文] So dim, so dark, so dense, so dull, so damp, so dank, so dead.

[原文] 现在我的衣服干干净净，但过去我父亲却穿得破破烂烂。

[译文] My clothes are neat and clean, but my father’s were worn and torn.

[原文]两家生活都被弄得颠颠倒倒，混乱不堪。

[译文] The lives of the two families are turned topsy-turvy, and in utter disorder.

[原文]我们听到雨夹雪打在冰冻的玻璃上的滴滴答答的声音。

[译文] We heard the tick-tack of sleet on frosted windowpanes.

采用加强语势的办法来翻译这类叠词，也可以达到“增义”或“强义”的目的。英语中加强语势有不同的手段，可以使用单个词语，也可以使用短语，甚至特殊句式。

[原文]星星之火，可以燎原。

[译文] A single spark can start a prairie fire.

[原文]科学是老老实实的学问，来不得半点虚假，需要付出艰巨的劳动。

[译文] Science means honest, solid knowledge, allowing not an iota of false hood, and it involves Herculean efforts and grueling toil.

[原文]他们的房间暖烘烘的。

[译文] Their room was good and warm.

[原文]树荫底下凉凉爽爽。

[译文] It was nice and cool under the shade of a tree.

[原文]对待同志要满腔热忱，不能冷冷清清，漠不关心。

[译文] We should be warm towards our comrades, not ice cold and indifferent.

此外，也可以根据上下文，体味其中的意味，选择意义相近的词语来翻译叠词，尽可能译得传神到位。

[原文]那是万万不行的。

[译文] That's absolutely out of the question.（使用副词）

[原文]我万万没有想到。

[译文] This idea never occurred to me.（使用否定词）

[原文]鲜艳的五星红旗冉冉升起。

[译文] The bright Five-Star Red Flag slowly went up the pole.（使用副词）

[原文] 路上的行人渐渐少了。

[译文] The number of pedestrians gradually dwindled.（使用副词）

[原文] 家乡的景物处处使人想起了往事，许多往事可追溯到幼年时代。

[译文] The hometown was full of reminiscence, many going back to early childhood.（使用形容词）

以上从汉英翻译的视角探讨了中文字词在英译过程中的选择，尤其是对叠词的翻译进行了重点回顾。从以上分析可以看出，汉英翻译时，为了更为准确到位地翻译原文的内容，首先需要使用适当的英文词语进行表达，这就要求译者在选词方面考虑周全，不能拘泥于逐字翻译原文的词句，而应该灵活变通地选择符合译入语表达习惯的词语。要想恰如其分地表达思想，词语的选择是关键首要的一步。以上分析是对词语的翻译机制进行研究，从而提供一种选词造句的正确思路，为句子结构的转换进行铺垫。

句型结构的转换

由于中英两种文化思维习惯的不同，导致两种语言的表达结构也存在很大差异。汉译英时经常采用的一种手法是句型结构的转换。从句型看，中文中并列句较多，即便带有偏正复合逻辑关系的内容，也多以意合的结构连接句意。英语句子并列句和复合句并存的时候很多，复杂的长句往往是并列复合句的结构。因此，中文中的长句往往是一系列的并列小分句，英文中的长句常常是带有复合结构的并列句式。在中英文当中都有一句话段落，即整个一段是一句话。遇到这种句子，译者就需要从这个句子的重心、中心、焦点、句型以及习惯表达方面进行必要的转换。

不同的思维方式和生活习俗在语言中形成了不同的表达方式。中文句子“她一搬到上海就大概年轻了五岁，而她丈夫呢，却老了十岁。”可译成“Moving to Shanghai may have taken five years off her, but it has put ten years on her husband.”对照这两个句子，可以发现中文的叙事主体从“人”转向了英文的“人的行为”，用动名词短语的形式进行表达，状态上也从“静态”转向了“动态”，而“年轻”和“老”这两个动词在译文里选用了“take off”和“put on”，生动形象地展示了这种对比性的变化状态。可见，汉译英时结构上发生的变化也会引起其他方面相应的转换。

下面这句中文也能充分地体现出汉译英时中英文结构发生的转换。“几天的工夫，由于抢购，货架上的货就空了。”可译为“Within days，panic buying emptied store shelves.”本句译文打散了中文句子结构顺序，根据原文逻辑进行推理，重新组织译文结构，并妥当使用英文动词“empty”，以求神似，这是汉译英的重要手段之一。这就要求译者在处理汉译英句子时关注句型结构的变化对译文质量的重要性。

日常生活用语在两种语言中都有惯常表达，概因这类用语是人们经常使用的惯用语，因而表达上比较简洁生动,且富有表现力。“好生拿着”里的“好生”是“用心”“当心”“仔细”的意思，译为英文的结构就跟中文不一样，“Mind how you carry it.”里使用了方式连词“how”，体现了原文中强调的“拿”的方式，同时也是英文中形合结构的表现。“少管闲事”与“Mind your own business.”也体现了思维差异在语言中的表现,前者是“别管闲事”的否定结构，后者是强调“管好自己”的肯定结构。虽然中英表达的视角不同，但其语义效果有异曲同工之妙。

从中英文化中对时间观念的阐释与理解也可看出两种语言中表述的不同。“我还没到家，他就动身去了机场。”这句话强调的是我还没见到他，他就离开了，前半部分用的是否定结构。英译文“He had left for the airport before I was back home.”不但把原文信息进行了前后调整，更重要的是“before”这个连词的使用彰显了中英两种语言中对时间概念的理解存在着极大不同。类似这种差异在中英两种语言表达空间概念时也有体现。

概因思维逻辑的不同，往往形成大相径庭的表达方式。中英文的否定结构正是这一现象的有力佐证。中英文中的否定意义可以通过词语、结构和习惯用语来表现。英文中除了“not”“no”这样的显性否定词外，还有诸多隐性否定表达，比如，“miss”“ignore”“overlook”这类隐性词语，“anything but”“but for”这类隐性词组，“too... to”“the last... to/that”这类隐性结构，都是英文否定形式隐性表达的实例。

实现汉英翻译的结构转换，首先需要理解原文句子的逻辑，通过逻辑厘清该句的意群，把这些意群的内容组合起来，按照译文的思维习惯进行排列。其次，在处理意群时，可使用句型转换的翻译方法，采用拆分和组合的方式，使用符合译入语语言习惯的表达把原文转译出来。再次，调整原文的表达形式，使用译文的特殊表达结构，如英文的非谓语形式就是汉英翻译时使用频率很高的表达结构；英文的介词也是非常活跃的词类，介词结构在很多语境中都可起到画龙点睛的作用。结合英文的虚拟语气和祈使语气、强调句式和强调结构，可以很好地传递中文句子蕴含的丰富内容。

中文意象的转化

意象是语言表达中富有特色的内容，在中英两种语言转换过程中意象也呈现了尤为明显的不同。在汉译英处理意象时，必须考虑相关移植能否忠实传递中文蕴含的丰富文化联想。

中国诗词中蕴含的意象最具表现力，下面以两首诗词的中英文对照加以说明。首先是马致远的《天净沙·秋思》为例进行分析。在“文字的功用与翻译部分”，我们已经探讨了该诗的意合结构与中国人思维的关系。在前文分析的基础上，下面着重分析诗中意象的翻译处理。

天净沙·秋思	**Autumn Thoughts**
枯藤老树昏鸦，	Withered vines, olden trees, evening crows;
小桥流水人家，	Tiny bridge, flowing brook, hamlet homes.
古道西风瘦马，	Ancient road, wind from west, bony horse;
夕阳西下，	The sun is setting!
断肠人在天涯！	Broken man, far from home, roams and roams!

《天净沙·秋思》是元曲作家马致远创作的散曲小令。该诗内容凝练，寓情于景，情景交融，意境深远。全诗只有五句二十八个字，而且前面三句都是名词，其中出现了九个意象。摆脱动词而直接以名词性意象的组合来描绘景物，在中文诗词中并不少见，如唐朝诗人温庭筠《商山早行》中的诗句“鸡声茅店月，人迹板桥霜”，宋朝诗人黄庭坚《寄黄

几复》中的诗句“桃李春风一杯酒，江湖夜雨十年灯”都是此类意象连用的例证。《天净沙·秋思》几乎都是名词的连缀，省却了一切连接词语、内容交代和修饰手段，直接地将这些意象组合起来，犹如蒙太奇一般。“象”的方面看起来好像是孤立的，而“意”的方面却有一种潜在的联系，貌离神合，似离实合，藕断丝连，给读者留下了丰富的想象空间。诗歌的这种创作手法在很大程度上暂时中断了语言的线性叙述进程，使诗的语言更为简洁凝练，更为饱满有力，极大地增强了诗歌的意象，拓展了诗歌的空间表现力。

诗词中如此丰富的意象如何在译文中传递出来，确实是汉译英的一大难题，对译者而言是极大的挑战。中文中“她有沉鱼落雁之容，闭月羞花之貌。”直译可能会因英语读者对相关中国文化信息的缺失而造成不知所云；若译为“Her beauty would put the flowers to shame.”就把“沉鱼落雁”和“闭月”这些意象给完全抛在了一边。小说创作中，作家也采用类似的写作手法，如徐光兴的《枪口》开头部分就有这样的描绘:“西风，秋水，雁阵，衔着落日的远山，交融在一起，更增添了打猎者的无限兴致。”(《小说界》，1981 年第 2 期）译为“The west wind, an autumn stream, and lines of wild geese set against background of distant mountains embracing the sinking sun harmoniously converged to enhance the boundless joy of the hunters.”就保留了原文的意象。《天净沙·秋思》的译文就采用了这种直接传译原文意象的手法，把中文的九个意象分别处理为“Withered vines”“olden trees”“evening crows”“tiny bridge”“flowing brook”“hamlet homes”“Ancient road”“wind from west”“bony horse”，原文的意象得以保留。考虑到译文读者的文化背景，译者也可以采用适当加注的方式补充相关文化信息。

意象传译过程中，译者遇到的难题是，在译入语环境中意象联想不一致或根本不存在某种意象时，译者该如何处理才能更好地把这些富有文化意象的内容传递出来。下面以晚唐著名诗人李商隐的《无题》诗为例加以说明。

无　题

李商隐

相见时难别亦难，东风无力百花残。

春蚕到死丝方尽，蜡炬成灰泪始干。

晓镜但愁云鬓改，夜吟应觉月光寒。

蓬山此去无多路，青鸟殷勤为探看。

这是一首描写离情别恨的爱情诗，全诗以“别”字为诗眼，运用谐音、象征等手法突出聚散两离中的离别情绪。李商隐的诗素以意象丰富著称，其爱情诗尤为缠绵悱恻，优美动人，此诗自然也不例外。诗人借用东风、春蚕、蜡烛、青鸟等诸多意象抒发了对爱人的深切思念之情以及对坚贞不渝的爱情的追求。下面是许渊冲、裘小龙两位译家对这首诗的翻译。

Poem Without a Title by Li Shangyin

It's difficult for us to meet and hard to part,
The east wind is too weak to revive flowers dead.
The silkworm till its death spins silk from love-sick heart,
The candle only when burned has no tears to shed.
At dawn she'd be afraid to see mirrored hair grey;
At night she would feel cold while I croon by moonnight.
To the fairy hills it is not a long way.
Without the blue-bird oft fly to see her on their height?

——许渊冲译

Untitled

It's hard to meet,
but hard to part too,
the east wind languid, hundreds of flowers wasted.
A spring silkworm may not stop spinning
silk until death. A candle's tears dry
only when it is burned down to ashes.

In the morning's bronze mirror, you worry
about the change in your hair,
and then you feel the moonlight cold,
reading alone in the night.
Mount Penglai, so celebrated in fairy tales
cannot be located far away:
O Bluebird, please go there kindly,
and take a look for me.

——裘小龙译

原诗中诗人借百花凋残怨东风无力这样的词句表达了相爱的人在离别时产生的那种淡淡的幽怨情绪。东风是中国人经常使用的一个意象。在中国人的概念中，东风和煦温暖，代表着春天的到来，象征着美好的事物。元人王冕在其《梅花》诗中就用“三月东风吹雪消，湖南山色翠如浇”这样的诗句描画出了一幅春暖雪融、山色翠绿如浇的美景。清朝诗人高鼎《村居》中的诗句“草长莺飞二月天，拂堤杨柳醉春烟。儿童散学归来早，忙趁东风放纸鸢。”更是脍炙人口，勾画出了一幅生机勃勃的乐春图。

在西方文化里，东风并不具备这样的意象，西方读者看到“east wind”不会产生类似于中国读者的那种互文性联想。这是缘于英国的地理位置，东风是从欧亚大陆和北冰洋吹来的凛冽刺骨的寒风，反而是来自大西洋的西风才是和煦温暖的。因此，西方人多以西风比喻美好的事物，报告春天的消息的是西风。英国诗人雪莱的《西风颂》(“Ode to the West Wind”)就是如此：

It's a warm wind, the west wind, full of birds' cries;
I ever hear the west wind but tears are in my eyes,
For it comes the west land, the old brown hill,
And April's in the west wind, and daffodils.
这是暖风哟，西风哟，充满了小鸟的歌唱；

我每一次听到了西风，就不禁泪水哟盈眶。
因为它来自那西土，那苍老而暗黄的山峦，
西风吹来了四月，也吹来了水仙。（余光中译）

此译文中的西风对于中国读者是个让人迷惑的意象，与整首诗抒情和怀乡的基调显得不符，但恰恰符合英国的文化语境。同样，许、裘二人都将李商隐的《无题》诗中的“东风”直译为“east wind”，不知会不会也给西方读者造成同样的困惑？是不是应该译成西方读者容易理解和接受的“西风”呢？若从译语读者接受的角度来看，似乎译为“west wind”更为符合译入语文化的审美习惯，能更好地为其受众所接受，因为“west wind”在西方文化语境中所传递的信息与这首无题诗中的东风所传达的意思是基本一致的。也有人持不同的观点，认为翻译应留存一定的空白。这种因文化差异甚至文化缺省而产生的空白留给译入语读者去洞察，去想象，去填补，才能构成完整的翻译过程，也是译后阶段的重要方面。

李商隐在《无题》诗中还以“春蚕”“蜡炬”等意象比喻忠贞不渝、生死与共的爱情。“春蚕”“蜡炬”这样的意象在中国读者心中是固定的，很容易引起任劳任怨、无私奉献这样的互文联想。对“春蚕吐丝”，许渊冲运用拟人手法译为“spins silk from love-sick heart”与原诗的主题暗合。裘小龙则通过跨行停顿的方式将春蚕吐丝（思）那种绵延不绝的情态传神地表现了出来，同样深得原诗之精髓。

对于“蜡炬成灰”，两位译者的翻译处理却大相径庭。许渊冲做了大胆的删减，对蜡烛燃烧成灰的状态略过不译，而裘小龙则将其直译为“burned down to ashes”。到底哪种译法更接近原诗的情境，更能让译语读者感受到原诗的意韵？在《唐宋诗词 100 首》的序言中，裘小龙借用陆谷孙先生的一句话作了很好的说明:“裘诗虽悖生活原貌，却以‘灰’的各种凄惨联想尽现原诗情貌。”[①]由此可见，此处的直译正是裘小龙的匠心所在，让译语读者在阅读译诗时产生了与源语读者类似的互文联想，从而能更深刻地体会到诗人的痴情苦意以及九死而不悔的爱情追求。

“蓬山”即蓬莱山，是中国古代神话传说中海里的仙山，是人间胜境，世外桃源。此处诗人借用“蓬山”指爱人所在之地。“青鸟”是神话传说中为西王母取食传信的神鸟。

① 裘小龙译，《唐宋诗词 100 首》，上海：华东师范大学出版社，2006，第 4 页。

这两个传说中的意象对中国读者来说并不陌生，会自然地联想到与之有关的传说和典故。诗人也正是借用了“蓬山”和“青鸟”的神话传说来寄托自己对爱人的抚慰和情意深长。尽管爱情之路困难重重，相爱的人相距遥远，诗人仍然相信他们的坚贞爱情将产生一种神奇的力量，一定会有人像殷勤传书的“青鸟”一样，为他们传递讯息，使他们的情意绵延。

许渊冲将“蓬山”意译为“fairy hill”，对于此译，译语读者在理解上自然没有什么问题，但让人感觉太过空泛，毕竟“蓬山”在中国人的心里是有其特定的丰富含义的，不仅仅指任意一处仙山。裘小龙采用音译加解释的方法译为“Mount Penglai，so celebrated in fairy tales”则较许译更为完整，至少将原诗的字面意思表达出来了。许渊冲对原诗的增删修改的力度较大，创造性发挥的地方较多。裘小龙的译诗无论从意境还是从对原诗的理解上都更贴近于原诗。

对于汉译英过程中的意象处理，原文意象的存留应该是首要考虑的问题，尤其是诗词这种艺术性强的作品，意象的丧失将会极大降低原作的艺术效果，在读者接受方面也不会达到原作那样的接受效果。诗词的传译需要的灵活性、变通性和创造性要比其他文体更高，在这个层面，一定要把握好诗词翻译的“度”，解决关于诗词翻译的“可译”与“不可译”问题。翻译诗歌这种抒情言志的文学形式，除了内容的传译，更应关注与形式有关的那些方面，如音韵、节奏、旋律这些音乐性维度。在翻译过程中，这些“形式”维度是否可译，可译度有多大，既是文学翻译研究的问题，也是文化翻译考虑的方面。

翻译策略研究之归化说与异化说

语言、文化与翻译三者相互依存、相互影响的关系在中西方翻译著述中都有诸多论述。鲁迅在谈到文学翻译时提出过一个问题，“竭力使它归化，还是尽量保存洋气呢？”鲁迅认为，“凡是翻译，必须兼顾着两方面，一面当然力求其易解，一则保存着原作的风姿。”[①] 在翻译的文化转向中，“翻译与文化”的关系成为超越技术层面的研究，“归化”（domestication）与“异化”（foreignization）是文化翻译的两大研究路径。从文化翻译的

① 鲁迅，《鲁迅全集》（第六卷），北京：人民文学出版社，2005，第362页。

视角看，语言可译性与不可译性的矛盾十分突出。

归化翻译照顾到译入语读者的阅读和审美习惯，有助于译文更好地为读者所接受。原文中的语言符号只有在其语言系统中才会产生意义，如果机械生硬地照搬过来就会失去其在源语系统中的意义。2005 年桂林市政府向全国征集“桂林山水甲天下”的译文，要求译文优美贴切，能准确地表达“桂林山水甲天下”的含义。结果译文“East or west, Guilin landscape is best!”获最佳译名。该译文取自家喻户晓的英文谚语“east or west, home is best!”就是顺应了译文读者的文化习惯。可以说，该译文对文化差异的处理堪称绝妙，不仅符合译语文化习惯，还将源语的功能意义完整地转译到了译文之中。

归化翻译就是遵循译入语文化的价值，对原文进行同化翻译。常见的归化翻译方法有“代换法”、“解释法”和“异译法”等。归化翻译的最大特点就是采用地道畅通的译入语进行翻译，不同文化之间的差异被掩盖，译入语的主流文化价值观取代了译出语的文化价值观。归化翻译有其自身的优越性。对译者而言，要全面了解一种异域文化基本上是不可能的，在翻译过程中因为对本族文化的亲切感和认同感，往往会采取归化的翻译策略以使译文通顺。对于读者来说，归化翻译可以避免文化冲突，在自己可以驾驭的文化范围相对轻松地理解译文。由此看来，归化翻译的通顺常常也会换来文化信息的遗失。

在西方，学者如安东尼·柏曼、施莱尔马赫等提倡凸显原文中的“异质”元素，在汉英翻译的语境下，“异化”又叫“洋化”或“西化”。在照顾到译入语读者可接受程度的前提下，把源语中的语言符号照样搬到译入语中，译本读者对这些外来语言符号的理解和接受的多少，要取决于其对源语语言文化系统的了解。劳伦斯·韦努蒂提出“异化翻译”理论，认为“异化翻译承认文化差异，并且在目的语中体现文化差异。”国内研究认为，异化翻译可以弥补文化缺失，是文化翻译的主要策略。主要有以下研究视角：1. 强调异化翻译视角的必要性，认为语言与文化无法分离，译者在进行译出语与译入语转换时也必须考虑到两种语言的文化差异并妥当表现出来。2. 从研究范型的视角探讨文化研究对翻译研究的影响。3. 对翻译与文化之间关系的具体分析，文化缺省、文化误读等是这一研究视角关注的内容。异化翻译可以突出文化差异，弥补文化缺失。从汉译英的角度看，有利于传达具有中国特色的内容，同时丰富英文表达方式。

异化就是在不改变原文的文化、语言、文体等特征的基础上传达原文的内容，要求读者向作者靠拢，适应原文。异化翻译的前提是，认为语言是有差异的，交际因语言社团之间与语言社团内部的文化差异而复杂化。异化翻译承认差异，并且在目的语中表现文化差异。异化翻译追求最大限度的等值，常见的异化翻译方法有“音译法”和“直译法”等，主要表现为：不完全遵循目的语的语言与语篇规范；在适当的时候选择不通顺、艰涩难懂的文体；有意保留源语中的实观材料或采用目的语中的古词语，目的是为目的语读者提供一次“前所未有的阅读经验”。异化翻译有利于读者了解异域文化，有利于读者运用智力和想象力去感受译出语文化的独特之处，还有利于丰富目的语文化和表达方式。但是，异化翻译也有自身的劣势，它常常使译文句式生硬、晦涩难懂，给读者带来了阅读困难和理解障碍。

归化翻译和异化翻译可以说是一个问题的两个方面，也是两种相互补充的翻译策略。翻译实践活动已经充分证明，过度的归化和异化都不可取。找到归化翻译和异化翻译的最佳结合点，让归化和异化各得其所，是对两种翻译策略的正确态度。从文化的角度来看，文化间的关系一般分为文化交织、文化鸿沟和文化冲突三种。不同的文化关系对翻译策略的选择有着极大的影响。文化交织是指在不同的文化中，存在着一些相似和相同的地方，语言之间的交流因其共性而不难理解。为了更多地接触异域文化，异化翻译方法就显示出了优越性。文化鸿沟是指两种文化中存在着文化差距，这时可以选用归化翻译。如果选用异化翻译的话，就必须用直译加注才能做到理解和传递信息的两全其美。文化冲突是指两种文化对某些事物和现象有完全矛盾的理解。处理这种文化现象，归化翻译方法更能大显神通。

在具体翻译过程中，译者采取哪种翻译策略，与文本的特征、翻译的目的以及译者的个人倾向性都有着很大关系。在某些特定语境下，社会的趋向和需求也是决定译者选择的重要维度。因此，在归化翻译和异化翻译的讨论中，关键在于上述因素的综合作用，决定着译者翻译策略的取舍。

五

汉英翻译实践中的文化移植案例分析

在最终呈现的层面上，翻译活动的产品是翻译实践中生产的译本。在这一层面上，翻译实践作为媒介直接促进社会各个行业、各个部门的发展，影响着人们的心理和精神活动。研究翻译最终是要归结到其对社会发展和社会面貌的整体作用方面。在当今社会，翻译作为一门具有高度实践性的行业，不仅具有专业性特色，更具有行业性特点。本节结合汉英翻译实践中的具体案例，探讨移植中国文化元素进入到英语世界所要考虑的维度以及采取的方略。

翻译实践者即译者直接面对的就是文本，文本是译者在翻译活动中处理的对象。在具体的翻译实践过程中，源文本呈现出不同的形态和面貌，在表面结构下蕴含着复杂的动态内容。为了妥帖到位地再现源文本，译者需要对所译文本做深度的解析、分析和剖析，因而首先需要关注所面对文本的类型。所谓文本类型，是指根据文本内容、风格、功能和写作目的而对文本所做的分类。关于文本类型与翻译的关系的思考，要归功于 20 世纪 30 年代的德国心理学家卡尔 · 布勒（Karl Buhler）有关语言功能的分析。1934 年，布勒提出了语言功能的“工具论模式”，确定了三种主要的语言功能，即信息功能（informative function）、表达功能（expressive function）和召唤功能（vocative function）。这三种语言功能跟人的感知（perception）、感觉（feeling）和意志（will）相关，后被翻译研究者应用到对翻译活动的考察之中。

文本类型理论是对语言学派对等理论的有益补充，对翻译活动产生了直接的指导作用。

从翻译的视角看，语言学派代表人物英国翻译理论家彼得·纽马克（Peter Newmark）和德国功能学派的创始人凯瑟琳娜·赖斯（Katharina Reiss）提出的文本类型适用于翻译实践活动。两位学者把语言功能模式应用于翻译研究，把文本类型、语言功能和翻译方法结合起来，提出了三种文本类型：信息型文本、表达型文本和召唤型文本，认为文本类型决定具体的翻译方法。一个文本可能有几种功能，但只有一种占据主导地位，该文本的类型就按照这种功能来界定。下面就从这三种文本类型的视角，结合翻译实践中的实例，探讨汉英翻译实践中如何进行文化信息的移植和传输。

信息型文本

信息型文本主要是展现事实，提供信息，传递知识，聚焦点在于内容而非形式。翻译信息型文本是要把原文的内容准确完整地展现出来，考虑译文的忠实性和可读性。

下面以“八达岭长城”为例分析信息型文本翻译的方法及主要关注的问题。

[原文]

八达岭长城

中国的万里长城这个人类所筑造的最大的防卫性壁垒曾经是从月球上能看到的唯一的地球上的建筑。壮哉长城！它使全世界的人们向往不已。它是我中华民族宏伟气魄的体现，是我古代劳动人民智慧的结晶！

远在战国时代（公元前475年—公元前221年）万里长城的修建工作已开始。当时主要是封建诸侯用以抵御敌国和北方游牧民族的滋扰。秦始皇统一中国后，将原有的一段段长城连接起来，以扼制匈奴的进犯。后来经过各个朝代不断修缮延长、加固才完成了东起河北山海关，西迄甘肃嘉峪关，全长一万二千多华里的万里长城。

八达岭距北京七十余公里，是明万里长城中保存最完善的一段。墙身高大，平均高度为7.8米，有些地段高达14米，墙基宽6.5米，顶宽5.8米。城墙顶部用砖砌成，可供五六匹马并驰，十人并行。

城墙每隔一定距离筑有烽火台，是古代传递军情的通讯设施。那时只要烽火一起，军队便可通过长城顶部的大道迅速集合起来。

原文解读

1. 文中事实性内容和具体信息较多，包括数字及计量单位等，翻译时措辞和用语尽量客观准确，数字、年代要准确。

2. 中文中多使用并列的小句，译成英文时需要关注英文的形合结构，采用非谓语等形式加以处理。

3. “中国的万里长城这个人类所筑造的最大的防卫性壁垒曾经是从月球上能看到的唯一的地球上的建筑。”从事实或科学发展的视角看，如果原文出现有争议的看法或观点，译者应酌情处理，查找资料进行确认，以注释的形式加以说明。

4. “它是我中华民族宏伟气魄的体现，是我古代劳动人民智慧的结晶！”中文中类似这样的平行 / 排比结构极为常见。译者处理时要考虑译入语中的惯常表达结构，译成适合译入语表达习惯的形式。

5. “当时主要是封建诸侯用以抵御敌国和北方游牧民族的滋扰。”此说法是否准确以及文化态度是否适当有待考察。作为译者，尽量按照原文内容翻译，适当的时候可以加注。

[译文]

Fort Badaling of the Great Wall

Being the largest defensive barrier ever built by men, the Great Wall of China used to be the only construction on the earth that can be seen from the moon. The Great Wall is so magnificent that it fires the imagination of the people all over the world. It reflects the heroism and greatness of the Chinese nationality and the wisdom of the laboring people of ancient China.

The construction of the wall started as early as the Warring States Period (475BCE–221BCE) by order of the feudal lords for the purpose of holding back aggression by the rival states as well as the northern nomadic tribes. After the unification under Emperor Shihuangdi, the formerly disjointed walls were connected to guard against the attack of the Huns. Later on, repeated repairs, extensions and reinforcements were made during the successive dynasties, which gave birth to the present Great Wall, stretching from Shanhaiguan Pass (in Hebei Province) in the east to Jiayuguan Pass (in Gansu Province) in the west, covering a total length of over 12,000 li.

Fort Badaling, more than seventy kilometers to the north of Beijing, is one of the best preserved sections of the Great Wall. The wall here is very high with an average height of 7.8 meters. In some place, it stands as high as 14 meters. It's 6.5 meters wide at the bottom and 5.8 meters wide on the top. Five or six mounted men can ride abreast and ten people can walk side by side on the brick-laid top of the wall.

Beacon towers built at regular distance on the wall served as a means to give border alarms in ancient times. Once the beacon fire was lit, troops could be assembled quickly along the road on the top of the Great Wall.

译文分析

1. 中文标题“八达岭长城”译为“Fort Badaling of the Great Wall”，采用了直译法。标题是文章的题眼，英文标题一般采用名词性词组，简洁明了，不至于产生歧义。

2. 从语义关系看，在英文中对应的中文词语不止一个的情况下，选词尽量精准。“防卫性壁垒”可译为“defensive barrier / rampart / fortification / bastion”。如果对等词是一一对应的关系，只能选择那个词。

3. 注意句子内部和句间的层级关系和逻辑关系，可以采用英文的结构体现层次和逻辑，如非谓语形式、时间或空间介词等。“The construction of the wall started as early as the Warring States Period (475 BCE–221 BCE) by order of the feudal lords for the purpose of holding back aggression by the rival states as well as the northern nomadic tribes.”本句使用介词短语的形式展现了句中的逻辑关系，体现了英文的形合结构。此句也可译为：Dating as far back as the Warring States Period, the feudal lords had walls built around their kingdoms so as to hold back aggression by the rival states as well as the northern nomadic tribes. 与第一个译句结构不同，展现了不同的叙述视角。

4. 文中有人名、地名等专有名词的翻译，一般遵从“名从主人”的原则，按照约定俗成的译法进行翻译。译者可查阅相关辞书字典进行确证。

5. 信息型文本的汉英翻译可以采用英文的被动语态，强化文中信息的客观性和确凿性，减少人称主语带来的主观性干扰。

6. 为了弥补译入语接受者在译出语文化等方面的空白，译者可以采用厚翻译（thick translation）的手法，在译文中补充相关信息，一般采用文内、文外（脚注和尾注）两种注解形式。本文中采用了文内加注的形式，如使用括号增加了朝代的时间，使用非限定性定语从句（...，which gave birth to the present Great Wall，...）的形式补充信息，弥补译入语读者的语义和信息空白，增强文中内容的关联性。

7. 译文中值得关注的一点是，译者灵活使用了过去分词作定语的形式，一方面很好地传递了原文信息，另一方面契合了译文的表达习惯。"one of the best preserved sections of the Great Wall" "five or six mounted men" "Beacon towers built at regular distance on the wall" 三个短语中下划线的词语都是过去分词作定语的形式，在传递原文信息和契合译文表达习惯方面都非常到位。

可以看出，处理信息型文本时，被动语态的使用可以使译文表述更为客观。还要特别注意连排句（choppy sentences），这样的句子容易出现表达思路不连贯的情况。汉英翻译时要选用适当的主语、状语从句、并列句、同位语、介词、分词短语、冠词以及 which 引导的非限定性定语从句，呈现译文逻辑的层级性，使译文更符合英文思维习惯，表达更地道。

同时，还要关注用词用语方面，如动词的使用是表示状态还是动作，是静态还是动态，译文选词就会有所不同。译文中语气要注意与原文的程度相吻合，妥帖的措辞也有益于准确到位地表达原文信息。

表达型文本

表达型文本的语言形式与内容同样重要，而且其形式在一定程度上更能突出此类文本的特色。翻译表达型文本时，译者要保留原文的美学特征。

概因表达型文本运用语言颇具特色，语言风格多样，下面以《沉沦》和《毛博士回来了》两个片段为例，分析表达型文本翻译的方法及主要关注的问题。

[原文]

沉沦（片段）

郁达夫

天气一天一天的清凉起来，他的学校开学之后，已经快半个月了。那一天正是九月二十二日。

晴天一碧，万里无云。终古常新的皎日，依旧在她的轨道上，一程一程的在那里行走。从南方吹来的微风一阵阵的拂上面来。在黄苍未熟的稻田中间，他一个人手里捧了本华滋华斯袖珍版的诗集。尽在那里缓缓的独步。在这大平原里，四面并无人影：不知从何处飞来的一声两声的犬吠声，悠悠扬扬的传到他的耳膜上来。他眼睛离开了书，同做梦似的向有犬吠声的地方看去，但看见了一丛杂树。几处人家。

他看看四边，觉得周围的草木，都在那里对他微笑。看看苍空，觉得悠久无穷的大自然，微微的在那里点头。一动也不动的向天看了一会，他觉得天空中有一群小天神，背上插着了翅膀，肩上挂着了弓箭，在那里跳舞。他觉得乐极了，便不知不觉开了口，自言自语的说：

“这里就是你的避难所。世间的一般庸人都在那里妒忌你，轻笑你，愚弄你；只有这大自然，这终古常新的苍空皎日，这晚夏的微风，这初秋的清气，还是你的朋友，还是你的慈母，还是你的情人，你也不必再到世上去与那些轻薄的男女共处去，你就在这大自然的怀里，这纯朴的乡间终老了罢。”

这样的说了一遍，他觉得自家可怜起来，好象有万千哀怨，横在胸中，一口说不出来的样子。

原文解读

《沉沦》是郁达夫创作于1921年的短篇小说，当年的10月15日首次出版，收录于短篇小说集《沉沦》中，讲述的是一个留学日本的中国青年患有严重的抑郁症，并遭到日本人的歧视和压迫。这个青年被极度的忧郁和痛苦折磨着，而青春期的苦闷又无法解脱。小说虽有一定的反帝反封建意义，但充溢着抑郁颓丧气氛。小说描写大胆率真，心理刻画淋漓尽致，抒情色彩浓重。郁达夫通过大胆率直的描写，呼喊出了那一代知识分子所共有的内心需要，痛斥了受帝国主义与封建势力双重压迫的罪恶社会，在当时产生了很大的影响，引起了许多知识青年的共鸣。

1. 这个片段是典型的抒情式文章，直抒胸臆，对人物心理活动的描写比较细腻，翻译时需要突出这种风格。

2. 文中对景物的描写较为生动，在动静之间透显出对人物形象的刻画，译者选词时需要传递出这种意境。

3. 文中的独白形式加强了对文中意义的传递，也在很大程度上体现了这一选段的主题。原文在事件的叙述中进行坦率的自我解剖，用长篇独白的形式去直接拨动读者的心弦。因此，独白部分的处理要符合文学作品的特色。

4. 文中的句子较短，大多是并列的小句。译者处理时需要首先确定译文的句子如何表达。

[译文]

Sinking (Extracts)

By Yu Dafu

It was getting cooler and cooler. And it was nearly half a month since his school term began. Now it was exactly September, 22nd.

The sky was clear and cloudless with the bright sun everlasting and timeless (eternal), unhurriedly making her journey in her orbit as usual. A breeze from the south gently stroked his face. He was seen strolling alone amidst the ripening yellowish rice with a pocket-size anthology of Wordsworth's poems in his hands. There was nobody else on the great plain. From somewhere came one or two barkings of a dog that sounded so mellifluous to him. He turned his eyes away from his book and looked as if in a dream in the direction of the barking only to see a clump of bush and several homesteads.

He looked around and felt every bush and every tree there were smiling at him; he looked up at the sapphire sky and felt the everlasting Nature was nodding slightly to him in greeting; he motionlessly looked at the sky for a while and felt as if a flock of winged-angels were dancing up in the air, with bows and arrows on their shoulders. He felt so happy that he said to himself unconsciously.

"Here's your haven. With all these mediocre people of this world envying you, sneering at you and trying to fool you, only Nature, the ever-new azure sky and the bright sun, this late-summer breeze and this early-autumn air remain your friends, your loving mother and your lover. You needn't return to that world and live among those frivolous men and women. You just live the rest of your life in the arms of Nature and in the simple and unsophisticated (pure) countryside."

He suddenly felt a rush of pity for himself after he had uttered these words. It seemed as if a thousand sorrows and grief were weighing upon his heart finding no description.

译文分析

1. 文体风格是翻译时表达型文本需要特别关注的方面，注意抒情类文本和描述类文本之间的差异，结语时要余音缭绕。

2. 选词上尽量突出原作的文学意象，阅读时要察觉其中蕴含的意趣，力求表达具体明确。"黄苍的稻田"译为"yellowish rice"，翻译时需要注意这些可能会带来情感上不同感受的细微之处。

3. 需要强调时，可利用词语和句子的位置，即"arrangement of the words or sentences"，其作用是激发读者的思维，造成强烈的视觉感和印象感。两个并列形容词放在主语后面，这是后位定语，即把形容词放在名词后，具有明显的加强意味。状语位置的处理尤为遵循这一原则。

4. 选词尽量稳当稳妥。"蓝天"可译为"deep blue，""crystal blue"或"The sky is of blue.""晴天一碧，万里无云。"译为"The sky is one patch of cloudless blue."要注意其中的微妙区别，才能真正传达出文学作品的意蕴。

《毛博士回来了》选自老舍的短篇小说《牺牲》，作家用诙谐的手法刻画了留学回国在一家大学任教的毛博士的形象。《牺牲》初载于 1934 年 10 月 1 日《文学》第 2 卷第 4 期，后收入1947年4月晨光出版公司出版的《微神集》。毛博士受到西方影响，看不惯中国社会的种种行为，活在自以为是的世界里，最后从一名博士和大学教授变成了精神病院的疯子。小说取名“牺牲”，是借用了毛博士的口头语——他把为了得到美式生活方式所做出的种种付出视为“牺牲”。作家隐含的真正思想是，像毛博士这样的留洋归来的留学生全盘接受西方思想，理想信念发生偏离，最终沦为西方享乐主义的牺牲品。下面以《毛博士回来了》进一步分析表达型文本的翻译处理手法。

[原文]

毛博士回来了

毛博士回来了。

谁都觉得这么回来是怪不得劲的，除了博士自己。他很高兴。设若他的苦闷使人不表同情，他的笑脸看着有点多余。他是打算用笑表示心中的快活，可是那张脸不给他作劲。他一张嘴便像要打哈欠，直到我看清他的眼中没有泪，才醒悟过来；他原来是笑呢。这样的笑，笑不笑没多大关系。他紧自这么笑，闹得我有点发毛咕。

“上青岛去了吗？“我招呼他。他正在门口立着。

“没有。青岛没有生命，真哪！”他笑了。

“啊？”

“进来，给你件宝贝看！”

我，傻子似的跟他进去。

屋子和从前一样，就是床上多了一个蚊帐。他一伸手从蚊帐里拿出个东西，遮在身后：“猜。”

我没这个兴趣。

“你说是南方女人，还是北方女人好？”他的手还在背后。

我永远不回答这样的问题。

他看我没意思回答，把手拿到前面，递给我一张像片。而后肩并肩的挤着我，脸上的笑纹好象真要往我脸上走似的，没说什么；他的嘴也不知是怎么弄的，直唧唧的响。

女人的像片。拿像片断定人的美丑是容易上当的，我不愿说这个女人长得怎么样。就它能给我看到的，不过是年纪不大，头发烫得很复杂而曲折，小脸，圆下巴，不难看，总而言之。

“定了婚，博士？”我笑着问。

博士笑得眉眼都没了准地方，可是没出声。

我又看了看像片，心中不由得怪难过的。自然，我不能代她断定什么；不过，我尚若是个女子……

摘自老舍《微神集·牺牲》

原文解读

1. 原文的风格：描写细腻，方言表达。

2. 原文的语气：口吻幽默嘲弄。

3. 原文的语言：较为口语化，短句较多，句式简单（如何翻译文中多处出现的“笑”）。

4. 原文的内涵：小说揭露了半封建半殖民地社会中某些洋奴的变态心理，认为毛博士之流其实“是个自私自利好摹仿的猴子”。

5. 对话的翻译：口语化色彩浓郁，译出感觉来很不容易。

[译文]

Dr. Mao Is Back.

Dr. Mao was back.

Nobody but the Doctor himself felt happy about his coming back this way. He looked pleased. If his distress couldn't arouse others' sympathy for him, his smiles seemed even superfluous. He smiled to show how happy he was, but his face was reluctant to cooperate with him. It always seemed he was going to yawn the moment he opened his mouth. I didn't come to realize that he was smiling until I saw no tears in his eyes. As a matter of fact, it made little difference whether he smiled or not. But he kept on smiling like that, which made me a little bit uneasy.

"Have been to Qingdao?" I greeted him when seeing him standing at the door.

"No. Qingdao is of little life. Really!" He smiled again.

"Oh?"

"Come on in. I'll show you my treasure."

I followed him in like a fool.

Nothing was added in his room except a mosquito net over the bed, from which he took out something and immediately hid it behind his back.

"Guess what it is."

I was in no mood for that.

"Who do you think are more beautiful, women from the south or from the north?" he thus asked me still with his hand behind.

I would never answer questions like that.

Sensing that I had no intention to answer his question, he stretched out his hand and handed me a photo. Then he nestled himself against my shoulder but said not a word. His face was beaming with such happiness that the smiling furrows would creep itself onto my face. I wondered what was wrong with his mouth, for it kept on chirping all the while.

It was a woman's photo. One would be most likely cheated if he judged others' looks by their photos. I didn't want to comment on this woman's feature. All the photo could show me was that she was young. She had a small face and a round chin, with complicatedly permed hair. She was not at all unpleasant to the eye, in short.

"Are you engaged, Doctor?" I asked him, smiling.

He smiled from ear to ear and his face seemed somewhat distorted. But he said nothing.

I had one more look at the photo and couldn't help feeling sorry for the girl. I surely couldn't make any decision for her. But, if I were a woman, ...

From "The Sacrifice" in *The Collection of Trivial Matters* by Laoshe

译文分析

1. 标题直译，简单句式，用一般现在时态。

2. 文中第一句话和标题相同，翻译时采用同样结构，只是时态用了一般过去时态。

3. 原文中有多处的“笑”和笑脸的描绘，翻译时需要照应前后文。

4. 措辞体现口吻和态度，选择英文词语时要结合全文的语气和态度进行。本篇的动词和形容词的翻译是个难点。

5. 语气可通过词语（助动词、情态动词、形容词、副词等）和句子（虚拟语气、祈使语气）来实现，本篇中蕴含的嘲讽语气要体现出来。

表达型文本多是艺术性较强的作品，其核心内容是艺术结构和审美价值，是用来表现作者的思想，表达作者的情感、态度、价值取向或偏见，常见于严肃性的文学作品或权威性的声明等。翻译表达型文本时，译者需要关注原作的风格、语气、口吻等个性化、主观性色彩较为浓厚的方面，并在译文中妥帖地表现出来。

召唤型文本

召唤型文本更为关注读者 / 听众层面，强调以受众为中心，以引导和感染受众最终促使他们行动为目的，因而体现了对受众的召唤功能。根据彼得·纽马克的语义翻译和交际翻译理论，翻译召唤型文本时应采取交际翻译策略。翻译此类文本的核心是原文交际功能的准确传达，因此交际翻译法最适合用于这类文本。

政论型文本一般分为官方文件和政治作品两大类，主要用来阐述、说明、解释某种思想、观点、政策，具有明确的政治倾向和高度的政治性，表现出理论性、政策性、现实性和指导性相结合的特点。政论型文本是以召唤功能为主，单单译得准确还不够，还应具有召唤性和感染力，才能增强译本的表达力，使译本读者更好地倾听中国故事。

下面从党的二十大报告和《习近平谈治国理政》第四卷的部分译例入手，探讨召唤型译本的具体译法和翻译策略。

译例 1

[原文] 我们要增强问题意识，聚焦实践遇到的新问题、改革发展稳定存在的深层次问题、人民群众急难愁盼问题、国际变局中的重大问题、党的建设面临的突

出问题，不断提出真正解决问题的新理念新思路新办法。(《在中国共产党第二十次全国代表大会上的报告》，第 10 页）

[译文] We must be more conscious of problems, especially new problems that are discovered through practice, deep-seated problems affecting reform, development, and stability, pressing concerns of the people, major issues in the evolving global landscape, and prominent issues we face in Party building. We should keep developing new thinking, new approaches, and new ways to effectively resolve problems. ("Report to the 20th National Congress of the Communist Party of China, p. 17")

原文中的聚焦点是"问题"，一句话中使用了七个"问题"强调这个方面，从增强问题意识，到聚焦各类问题，再到解决问题，层层递进。译文使用情态动词"We must"和"We should"的结构，呼吁人们采取相应行动。对于原文中出现的多个"问题"，译文在选词方面也很注意区分其间意义的微妙区别，"增强问题意识"译为"be more conscious of problems"采用了词类转换法，"问题"处理为"problems"，而在"人民群众急难愁盼问题""国际变局中的重大问题""党的建设面临的突出问题"中的"问题"则分别译为"concerns"和"issues"。这样的选词处理可以较好地把原文蕴含的呼吁语气和召唤态度传递出来，符合政论型文本的语言风格。

译例 2

[原文] 新时代的中国青年要以实现中华民族伟大复兴为己任，增强做中国人的志气、骨气、底气，不负时代，不负韶华，不负党和人民的殷切期望！（《习近平谈治国理政（四）》，第 14 页）

[译文] In the new era, our young people should make it their mission to contribure to national rejuvenation and aspire to greater pride, confidence and assurance in their identity as Chinese, so that they can live up to the promise of their youth and the expectations of our times, our Party, and our people. (*The Governance of China* by Xi Jinping, pp. 16–17)

原文向新时代的广大中国青年发出号召，要求中国青年以实现中华民族伟大复兴为己任，不负时代，不负韶华，不负党和人民的殷切期望！不但措辞语气极富感染力，而且句末还使用了感叹号，更加强调党和人民对青年人的期望。译文注意到了原文措辞和表述方面的押韵和排比产生的强烈表达效果。这句话在译文中被处理为单独一段，措辞和内容调整以及组合方面处理得有特色，尤其是三个“不负”译为并列短语“the expectations of our times, our Party, and our people”，呈现了原文的表达力度，增强了译文的渲染语气和感染力。

译例 3

[原文] 新的征程上，我们必须坚持党的全面领导，不断完善党的领导，增强“四个意识”、坚定“四个自信”、做到“两个维护”，牢记“国之大者”，不断提高党科学执政、民主执政、依法执政水平，充分发挥党总揽全局、协调各方的领导核心作用！（《习近平谈治国理政（四）》，第 9 页）

[译文] On the journey ahead, we must continue to uphold and strengthen the Party's overall leadership. We must be deeply conscious of the need to maintain political commitment, think in terms of the general picture, follow the core leadership of the CPC Central Committee, and act in accordance with its requirements. We must remain confident in the path, theory, system and culture of socialism with Chinese characteristics. We must uphold the core position of the general secretary on the Party Central Committee and in the Party as a whole, and upphold the authority of the Central Committee and its centralized, unified leadership. Always conscious of the country's most fundamental interests, we must strengthen the Party's capacity to conduct sound, democratic and law-based governance, and ensure that it plays to fulfil its core role in providing overall leadership and coordinating the efforts of all sides. (*The Governance of China* by Xi Jinping, pp. 9–10)

原文使用带有八个小句的并列结构，对中国共产党的新的征途提出了具体的要求，句末还使用了感叹号。译文把前面两个并列小句处理成一个简单句，使用的是两个并列动词“uphold and strengthen”作谓语的方法。译文还采用了断句的方法，根据文中逻辑，把原文的一句话处理成五句话，三个四字短语分别译成三个句子，使得英文表达很好地体现出中文的内在逻辑。原文中有带有数字的三个四字短语：“四个意识”“四个自信”“两个维护”，译文在处理的时候，考虑到读者的阅读和认知背景，补充了相关信息（下划线部分），给读者的阅读提供了内容的铺垫，达到了较强的表达力度，产生了召唤型文本很好的接受效果。

译例 4

[原文] 新的征程上，我们必须坚持大团结大联合，坚持一致性和多样性统一，加强思想政治引领，广泛凝聚共识，广聚天下英才，努力寻求最大公约数、画出最大同心圆，形成海内外全体中华儿女心往一处想、劲往一处使的生动局面，汇聚起实现民族复兴的磅礴力量！（《习近平谈治国理政（四）》，第 13 页）

[译文] On the journey ahead, we must ensure great unity and solidarity and balance commonality and diversity. We should strengthen theoretical and political guidance, build broad consensus, bring together the brightest minds, expand common ground, and seek convergence of interests, so that all Chinese people, both at home and overseas, can focus their ingenuity and energy on the same goal and come together as a mighty force for national rejuvenation. (*The Governance of China* by Xi Jinping, p. 15)

原文中措辞语气很有力度，句末还使用了感叹号，更加烘托了文中的呼吁氛围。“大团结大联合”中的“大”，译文采用“great”一词。“广泛凝聚共识，广聚天下英才，努力寻求最大公约数、画出最大同心圆”中的“广”和“最大”，译者采取了不同的选词（下划线部分）。由此可见，政论型文本中使用的表达有很多意义相近的词语，汉英翻译时在选词方面要注意译文表达的语气和态度，才能准确传递出召唤型文本的要求，实现预期的翻译效果。

从以上译例可以看出，翻译政论型文本首要把其政治性功能传达出来，带有严谨鲜明的态度，传递富有感染力的思想。从语言表述看，把译文的整体布局按照英文的结构形式合理安排，句式结构丰富多样，词语多具宏观性，表达有力度和渲染力，达到感染受众的接受效果，从而更好地传播中国声音，讲好中国故事。

以上运用翻译实践过程中的具体译例，探讨了信息型、表达型和召唤型文本翻译的策略和方法。需要注意的两点是：其一，三种文本类型并非孤立开来，也没有明显的界限区分。实际文本中的语言功能也是你中有我、我中有你的相互渗透的关系。之所以这样分类，主要是在一个具体文本中，一般只有一个主要的功能，其他功能只占较小部分，这个主要功能就确定为该文本的文本类型。其二，概因文本蕴含不同的诠释视角，译者对同一文本的解读也可能存在不同的理解，因此涉及具体文本，也存在分类不同的现象。不过即使存在这些技术层面的差异，也不会过多地影响译者对文本的本质内容的阐释。

小　结

本篇从汉英翻译实践和教学研究、汉英对比研究的语言与文化视角、汉英翻译教学中文化意识的培养、汉语文化现象在英文中的移植策略、汉英翻译实践中的文化移植案例分析这五个维度探讨了中国文化译介传播语境内的汉英翻译，对汉英翻译实践和教学研究的现象、做法和问题进行了分析，并从汉英语言对比的视角研究了文化元素在汉英翻译实践中的地位及其对发挥翻译的独特作用讲好中国故事的价值。

从宏观层面讲，汉英翻译活动不仅仅在民间交流和政府活动方面发挥着不可或缺的作用，更是在传播中华民族优秀传统文化、弘扬中国文化精神方面充当着独一无二的角色。从微观层面讲，汉英翻译活动还可通过语言转换加强与英语世界的学术交流，从所译中文文本材料与英文文本材料的比照中，透视语言背后的文化现象，深悟其间的思维模式，在学术研究层面挖掘两种文化背后的动因，从而在学理层面阐明中英文化异同的渊源。

基于以上分析，在中国文化译介传播语境内探讨汉英翻译活动，就是期冀这一研究能为当前中华文明外译提供理论上的借鉴和参考，从而为中国文化走出去、走得更好、走得更远，做出学理层面的贡献。要想实现中国文化成功地进入到英语世界，还需要译者的大量工作和奉献。下文就从汉译英译介过程来考察译者行为，以使对整个翻译过程中的重要主体——译者有更为全方位的认知，同时突出译者主体性对实现翻译传播效果的重要性。

汉译英译介过程中的译者行为研究

译者作为翻译活动中的关键主体，主要在三个层面发挥作用，译前准备阶段的选材、译中阶段采用的翻译策略和翻译技巧、译后阶段的审校和反馈。在译本的生产过程中，译者的翻译理念和译法在相当程度上决定着译本的质量。因此，研究译介过程中的译者行为对译本的生产和接受效果至关重要。

首先，翻译过程就是译者决策的过程，小到词语的选择，中到翻译策略的确定，大到翻译方向的决定，都需要译者的客观、专业、到位的态度和能力。在此过程中，由于译者的主体性各异，导致出现不同的翻译产品和接受效果。

其次，译者主体性是翻译过程中译者体现出来的主动性和创造性，文化形态与社会语境、意识形态与政治气候、语言关系与翻译能力、翻译动机与翻译观念、读者接受与审美期待都会在不同程度上影响着译者主体性的发挥。

再次，在翻译生产过程中，译者一直处于“隐身”的地位。随着翻译研究的“文化转向”，译者逐渐摆脱了这种边缘地位，翻译主体研究得到了重视，并且逐渐走向深入。

最后，译者作为翻译活动中主动、活跃的主体，与原作者、读者、赞助人、出版商等都在不同层面发生着关系。因此，考察译者及译者主体性，要关注其他翻译主体在翻译过程中与译者产生的互动，并从这种互动关系中对译者的翻译活动进行整体考察和研究。

一 译者的翻译过程研究

译者的心理定位及翻译前期准备

翻译产品的生产不仅仅表现在具体文本的翻译过程中，还包括译前阶段的准备和译后阶段的补充和完善，即如何适当选择所译材料，如何动手进行翻译，如何让读者接受反作用于译作生产，是译者需要考虑的三个层面。基于以上两部分对于汉英翻译的探讨，译者需要具备较强的文化意识，并妥当运用翻译策略忠实传递中文的文化信息。因此，文化意识和文化层面的翻译策略是译者不可或缺的重要维度。

从译者主体的角度考察翻译过程，译者作为翻译活动的核心主体，责任心和工作态度是最为基本的要求。郭沫若在《理想的翻译之我见》一文中写道，"在译者方面:（1）应该唤醒译书家的责任心;（2）望真有学殖者出而从事完整的翻译；"[①] 概因翻译涉及的大多是超越语言层面的内容，与文化形态和意识形态等方面的关联很大，译者的责任心在相当的程度上决定着译本的走向和效果。称职的译者首先是具有高度责任感的译者，是工作态度严谨的译者。

译者的翻译态度对译本生产起着至关重要的作用。中国历史上知名的翻译家严复就有着严谨的翻译态度、审慎的选择标准以及执着的敬业精神，他曾言，"一名之立，旬月

① 罗新璋，《翻译论集》，北京：商务印书馆，1984，第 332 页。

踯躅”。严复的选材标准极其审慎，他的翻译不是信手取材，更不是避难媚俗，而是在选择所译材料上有严格的标准。一是所译必是名著；二是译书必有命意；三是所译书的版本必是最好的。在这样的标准下，严译八种都是西方社会科学方面有代表性的名著，对中国社会和思想发展都产生了积极的影响。这样的译品才有社会意义和学术价值。因此，译前阶段，译者应该有正确的心理定位，确定自己所译的方向，决定所译的材料，选择所采用的翻译策略，这是动手翻译之前必须要明确的方面。

译前准备阶段，译者还需要对已经确定要译的材料进行研究和分析。可以说，译者身兼三职，首先是读者，其次是学者，然后才是译者。译者是阅读源文本最为认真仔细的读者，对文中的字句、语段、篇章都要进行细读和分析，琢磨字里行间的语义，深度理解语言中的文化现象，形成对文本的诠释框架。译者也是考察文本内容并超越之的专家学者，对文本内和文本外的相关内容都会进行严谨的学术研究，对原作者及其创作背景进行细致分析，开展平行文本的研究，从中找出与之关联的蛛丝马迹，探究原作生产的文化动因。只有在对文本和超文本进行了综合全面的研究之后，译者才有资格、有信心、有资本开始翻译。

译前的工作准备得再精心、尽心、耐心都不算过分。翻译是跨学科的文字、心理、文化等领域的活动，涉及范围之广、牵涉知识之泛，可以说哪个学科都难以媲美。译者的译前准备包括两个层面的工作，一是要有充分的心理准备，一方面要有高度的自觉意识，坚信自己可以处理好待译文本，另一方面要充分意识到翻译过程中可能遇到的潜在问题和各种陷阱，要时刻有“如履薄冰”的心态。二是翻译具体操作方面的准备，翻译无小事，译者要对文本内和文本外的细节进行把控，对翻译的各个操作环节进行到位的安排，预估到翻译过程中可能会使用到的各种工具或渠道并提前进行准备。

译者在异语文化语境中的表现

本部分以林纾、林语堂、鲁迅和葛浩文的翻译实践展开个案分析，考察翻译过程中译者在异语文化语境中的表现，探讨译者处理各种语言现象和文化现象的策略和具体做法，研究译者在完成翻译任务过程中的心理状态和行为表现。

中国翻译史上译者众多，译作纷呈。之所以选择这四位译者展开研究，不仅因为他们对中国的翻译事业做出了独特的贡献，而且还因为他们分别代表着中国翻译史上不同历史时期的翻译，展现出了不同的翻译风格，采用了不同的翻译策略和方法，表现出不同的翻译理念和译者行为。其中有中译外和外译中两个翻译方向，翻译内容有文学、哲学等维度，并且有中外国度的译者身份。因此，从不谙外文的林纾，到用英文写作、译创相间的林语堂，到红色翻译家鲁迅，再到汉学家译者葛浩文，对这四位译者的翻译活动展开探讨，有着一定的典型性和代表性，对译者行为的思考也在学术层面上表现出其独到的价值。

林纾的翻译

林纾（1852—1924）的翻译缘起于1897年受精通法语的王寿昌的邀请，与之合作翻译法国作家小仲马的小说《巴黎茶花女遗事》。当时林纾的结发妻子刘琼姿刚刚病逝，这部小说的哀婉情调正与林纾丧偶后的心境吻合。王寿昌在法留学期间，接触并阅读了大量西方文学名著，归国时带回了小仲马父子名著等多部法国小说。王、林两人合作翻译的方式是，王寿昌口述，林纾笔录。从此林纾开启了自己的翻译事业，在长达二十六年的翻译生涯中，林纾一共译出了约180部文学作品。

王寿昌、林纾合译过程中，态度严肃认真，每译数万言，就由王寿昌和另一位懂法语的魏瀚（此人后来出资印《巴黎茶花女遗事》的初刻本）对照原文进行校阅。如发现与原文有出入之处，便对译文进行修改。1899年1月，《巴黎茶花女遗事》在福州刊印。这部以文言文翻译的小说问世后风行海内。严复写诗赞颂这部译作，“可怜一卷茶花女，断尽支那荡子肠。”对译作产生的社会影响大加赞扬。“国人见所未见，不胫走万本”，这部小说大开国人眼界，一度洛阳纸贵。林纾从此也名声大振，并且深受鼓励，翻译工作一发而不可止。康有为曾写诗赞扬，“译才并世数严林，百部虞初救世心。”虞初指林译小说，是说林纾为了救世才翻译的。这部具有反封建意义的文言文小说，对当时西方进步思想传播到中国起了积极的作用。1901年，林纾与魏易合作翻译出版了《黑奴吁天录》，林纾还写了译序言。这部译作也在读者中引起了轰动，是林纾翻译史上的第二个里程碑。

林纾译书不仅态度认真，精心刻意，译笔传神流畅，较好地传达原作的风格神韵，而且他还为自己的译作作序。林纾用这些序跋文字启发读者对书中内容的认识，激发读者的爱国热情。这些序跋还为后人了解和研究林纾的翻译思想留存了弥足珍贵的资料，也开创了我国早期的外国文学评论。除了大量的序跋之外，林纾也写有阐述翻译见解的文章。1913年2月2日的北京《平报》就刊登了林纾的《译叹》一文，文中表达了他为救国而从事翻译的心情，呼应了他在《黑奴吁天录》的序言里所表达的思想。除了爱国热情，林纾还借助于翻译这一途径来激发国人振兴实业，他认为中国只有富强了才会在世界上占有一席之地。可见，林纾的翻译与当时的社会现实紧密相联，这是他译作之所以风行的另一关键因素。

在考察林译的作品及其翻译成就时，要把他不懂外文这一缺陷考虑在内。由于林纾不谙外国语言，因此只能与他人合作，别人口述，由他笔录成文，这样的转译难免会有讹诈缺失之处，存在漏译和误译现象。然而瑕不掩瑜，林纾的许多译作能够把握原作的精神和内涵，而且能够再现出原作的神采与情调，不失为上乘之作。

林纾的翻译生涯和翻译思想在很大程度上展现了他作为译者的自觉性和主动性，他的译者主体性使他成为那一时期中国文化建构的重要参与者，其译作向中国民众展示了丰富多样的西方文化，牢固确立了林纾作为中国新文化先驱及译界之王的地位。

林语堂的双语文化情结

林语堂（1895—1976）是中国现代一位蜚声海内外的文学家和翻译家，他对中西方文化的了解及其对中英两种语言炉火纯青的掌握，为他在翻译方面的造诣奠定了重要的基础。除了一系列用英文所著的作品之外，林语堂在翻译上的成就也极为突出。林语堂深受西方文化的浸染和中国传统文化的熏陶，形成了独特的人生哲学和文化观。与同时代的其他中国翻译家相比，林语堂的翻译有其鲜明的特色。他强调“忠实、通顺、美”的翻译标准和“传神”的翻译原则，采用归化和异化交替使用的翻译策略，成就了体现其翻译标准和原则的翻译实践。

林语堂在翻译上的成就，主要缘起于他中年时期旅居美国时期的翻译活动。从《吾国与吾民》(1935)，到《逃往自由城》(1964）和《中国绘画理论》(1967)，林语堂的各种著作及译作多达三十多部，且全部用英文写成，其中有翻译也有创作，包括散文、诗词、小说和传记等。从宏观的角度看，林语堂在海外的这个时期，他本人就是一部“翻译”书，他的一言一语、一举一动都可视为翻译的化身。因此，林语堂的翻译不仅是文字上的功夫，而是通过人际关系进行多样性的文化活动，把中国人的情感、思想以及生活辗转传给西方读者，使他们能够了解和欣赏中国文化。林语堂的译介行动和译者行为表现出了极为独特的风格。

林语堂在谈及英文特点时曾说过，“英文用字很巧妙，真可以达到‘生花妙笔’的境界。”[①] 林语堂本人的英文写作和译作也达到了这个境界。林语堂在美国出版的第二本书《生活的艺术》就是糅合创意和诠释的一本代表作品。这部作品也可以算作译文选集，作者在每一段引文的前后加上更多篇幅的诠释，融会贯通，替读者做了心理上的铺垫，加上自己的观点和看法，一气呵成。

林语堂翻译的独特之处，就是彻底消化了原文，然后夹叙夹议，用自己的阐释进行译作。这种处理方法既能抓住原文的形式和精神，又容易让普通的西方读者看得明白。从他翻译的两部重要的哲学经典《孔子的智慧》和《老子的智慧》可以一窥这种翻译处理方法，前者即《论语》，后者即《道德经》。

《论语》其实有多个英译本，但林语堂的翻译做法与众不同。首先，译作的题名是《孔子的智慧》，说明译作是从他的阐释入手进行翻译的。林语堂不是从“学而时习之”开始逐字逐句翻译，而是分门别类进行编译，每个部分还列出了标题：孔子的感情生活；孔子的谈话风格；孔子论君子和小人；孔子论政治、教育等，对每部分的内容进行概括，给读者提供阅读译本的整体框架。译本中还有几篇介绍孔子身世的文章，摘译自《礼记》的《中庸》、《大学》和《孟子》的有关篇章，整个译本就成为一部合乎逻辑、有头有尾、可读性强的中国哲学著述，在西方读者那儿形成一个概念，就是孔子是个有血有肉的人物，儒家的学说几千年来深入中国人的人心，也显得合情合理了。

《老子的智慧》即林语堂英译的《道德经》，是他介绍中国文化的又一重要译作。该书的书名也完美地体现了译者的翻译阐释视角，以阐释原文本来传译原文本。这部著作的成功翻译首先归功于林语堂渊博的学识、深厚的国学底子以及对道家哲学的深入研究，这

① 林太乙著，《林语堂传》，西安：陕西师范大学出版社，2002，第218页。

使他能够透彻准确地理解原文，为其忠实地传递原文奠定了基础。另一方面，林语堂地道的英文与其坚持的“传神”的翻译标准使他的译文能够行云流水、明白晓畅。因此，尽管《道德经》于19世纪就已经开始被译成多种语言，但林语堂运用自由诗体所译的版本仍相当成功，较其之前的版本在内容气势与风格上更为忠实，文字表达上更为凝练准确，读起来让人觉得是一种审美享受。

林语堂选择最能体现中国文化的古典文学作品进行翻译，《浮生六记》就是其中的代表。在翻译过程中，林语堂巧妙地采用归化和异化策略，以达到把中国文化传播到西方的目的。林语堂翻译的《浮生六记》显现了译者主体性会深刻影响到译者的翻译策略，在选择原文、翻译方法、翻译目的及翻译态度方面都有所体现。

林语堂一生的精力主要投入到了创作之中，但他仍然写了许多有关于翻译的著述。1924年，林语堂在《晨报》上发表了《对译名划一的一个紧要提议》的文章。林语堂撰写的涉及翻译理论的论著有《我所得益的一本英文字典》《旧文法之推翻及新文法之建造》《答青崖论“幽默”译名》《说孽相》《国语文法的建设》《论译诗》《译东坡“行香子”二首》《译乐隐词》《英译黛玉葬花诗》《尼姑思凡英译》等。这些著述或从语言学理论方面进行评述，或从实例出发进行剖析，展现了林语堂扎实的英文功底和深厚的翻译能力，也表明林语堂对自己的翻译实践及相关问题作了深刻的反思。

林语堂于1933年为吴曙天编著的《翻译论》（1937年1月，光华书局出版）所作的序，即为近万言的《论翻译》（后收入其《语言学论丛》一书），是他最系统、最全面论述翻译理论的文章。林语堂在文中提出翻译是一门艺术，从而成为中国现代翻译史上认为翻译是一门艺术学派的代表人物。林语堂的论文主要包括对译者基本素质的要求以及翻译标准这两个方面。在对译者的要求方面，林语堂认为，翻译艺术所依赖的有三条：“第一是对原文文字上及内容上透彻的了解，第二是译者有相当的国文程度，能写清顺畅达的中文，第三是译事上的训练，译者对于翻译标准及原则的问题有正确的见解。”[①] 林语堂的翻译思想来自于他的翻译实践活动，但这些翻译思想在相当程度上又决定着他的翻译活动的方向和方法。

林语堂的《论翻译》从翻译实际出发，说理质朴。他认为翻译除了上述三条外，“绝

① 林语堂著，《语言学论丛》（第十九卷），长春：东北师范大学出版社，1994，第305页。

对没有什么纪律可为译者的规范"[①]。他认为以前论述翻译问题的文章,"或泛论译法,或单论译名,都是直接出于经验的话。"[②]而他提出讨论翻译须研究其文字及心理问题,即"翻译的问题,就可以说是语言文字及心理问题。"[③]他认为,"倘是我们要于此问题得比较客观的解决,自当以语言文字心理的剖析为立论根基,必先明语言文字及行文心理的事实。"[④]应当指出,林语堂是在中国译学史上第一个最明确地将现代语言学和心理学作为翻译立论的"学理剖析"基础的译者。

正是在这两个基础上,林语堂阐述了翻译标准问题,并提出了翻译的三条标准:忠实、通顺和美。他又从另一角度将这三重标准说成是译者的三种责任:译者对原著者的责任、对中国读者的责任与对艺术的责任。"三样的责任全备,然后可以谓具有真正翻译家的资格。"[⑤]此外,林语堂总结前人的翻译方法,指出翻译只能是以句为主体的"句译",不能以字为主体的"字译"。因此他提出"忠实标准"的四义:非字译、须传神、非绝对、须通顺。对于"通顺标准",他认为要做到两点:"第一,须以句为本位;第二,须完全根据中文心理。"[⑥]而关于"美的标准",林语堂认为"翻译于用之外,还有美一方面须兼顾的。理想的翻译家应将其工作当作一种艺术。"……不可不注意于文字之美的问题"。[⑦]

林语堂赞同真正的艺术作品是不可翻译的说法,"因为其作者之思想与作者之文字在最好的作品中完全融洽,天衣无缝,故一离其固有文字则不啻失其精神躯壳,此一点之文字精英遂岌岌不能自存"。他赞同"翻译即创作",认为翻译文学作品的人"须把翻译自身事业也当作一种艺术"。[⑧]文艺翻译家"必先把其所译作者之风度格调预先认明,于译时复极力发挥,才是尽译艺术文之义务。"[⑨]林语堂的这个观点与翻译论中提出的译者应是批判家的思想有相通之处。

---

① 林语堂著,《语言学论丛》(第十九卷),长春:东北师范大学出版社,1994,第305页。
② 同上,第307页。
③ 同上。
④ 同上。
⑤ 同上,第306页。
⑥ 同上,第317页。
⑦ 同上,第318页。
⑧ 同上,第320页。
⑨ 同上,第319—320页。

总之，林语堂的《论翻译》在前人的理论基础上重新提出三个标准，较为全面地论述了翻译的性质以及文学翻译的任务与方法，并从语言学与心理学的角度进行了一些新的探讨，对翻译思想的发展具有相当的启迪作用。

使林语堂成为诺贝尔文学奖候选人的长篇小说《京华烟云》虽然是个彻头彻尾的创作，然而潜移默化中仍存在翻译的成分。虽然小说是用英文创作的，但所描述的是从义和团运动到抗日战争四十年来的中国故事，因此随处可见充满浓郁中国风味的东西。林语堂的翻译中有创作，创作中有翻译。他的创作中有翻译的另一个例子是《苏东坡传》，采用西方传记文学的写法，把这位才华万丈、性情豁达的古人活灵活现地塑造出来。全书参考的书籍非常丰富：苏东坡的每一件事、每一句话都有历史和文献的根据，其中包括他流传后世的千百篇诗词、文章、书信及笔记等。有些是林语堂直接翻译成英文成段地引用，如苏东坡反对王安石的新政向神宗皇帝的上书；有些讲苏东坡谪居黄州，饮酒散淡，如何写出千古传诵的《赤壁赋》，林语堂就采用夹叙夹议的手法。

林语堂的另一重要贡献是他在香港中文大学赞助下于 1973 年编纂出版的《当代汉英词典》。在这之前只有两种汉英词典在国际间流行通用，即 1892 年翟理斯（Herbert A. Giles）编纂的《汉英词典》（*Chinese-English Dictionary*）以及 1932 年麦氏（R. H. Mathews）编纂的《麦氏汉英大辞典》（*Chinese-English Dictionary*）。林语堂花费五年时间编纂的这本汉英词典既实现了他数十年的愿望，也满足了当代汉英翻译的需要。这部词典采用的检字法是根据林语堂发明的“上下形检字法”修订的，采用的拼音也是把他当年参与制定的罗马拼音法简化而成的“简化国语罗马字”，而林语堂首创的五十部首则成为这部词典的另一特色。

在林语堂的作品中，翻译和创作难解难分，如上文所言，他的翻译中有创作，创作中有翻译。“时”与“地”结合起来，使他肩负对西方读者诠释中国社会和中国文化的责任。林语堂的作品之所以成功，并不仅靠文字的精湛，也是基于他热爱祖国文化，同时有独特的见解。林语堂的译作强烈表现出对祖国和祖国文化的依恋，他不仅介绍中国哲学，还广泛地展示了包括经济、政治、哲学、宗教、文学、艺术、民俗在内的中华民族文化，因此他的英文著作极受欢迎，且有多种语言译本。与此同时，林语堂还常到各处演讲，宣扬中国文化，在为中国争得国际了解与促进中西文化交流方面，林语堂做出的努力和取得的成就是罕有其匹的。

林语堂用英语创作的一系列作品曾轰动欧美文坛，并且影响深远，有的被选为教材，有的被政府高层作为了解中国之必读书籍，一直被视作阐述东方文化的权威著作。许多外国人在提到中国的文学与思想时，古知孔子，现代则知林语堂，足可见林语堂作品对沟通文化、促进国际沟通方面产生的影响。1975 年 11 月，在国际笔会第四十一届大会上，林语堂当选为国际笔会副会长。这是国际笔会成立数十年间第一位中国作家获得此项殊荣。作为国际笔会的副会长，并于 1940 年和 1950 年两度获诺贝尔文学奖的提名，林语堂的译著无疑为他赢得了国际文坛的巨匠地位，同时也为中国人赢得了骄傲的资本。在中国现代文学史上，林语堂以其卓著的才学取得了多方面的成就。他所撰的对联："两脚踏东西文化，一心评宇宙文章"，正是反映他的理想抱负以及在向西方介绍中华文化方面付出的努力及做出的贡献。

林语堂的主要译作有：汉译英有 *Six Chapters of a Floating Life*（《浮生六记》，清朝沈复原著）; *Chuangtse*（《英译庄子》）; *The Importance of Understanding: Translations from the Chinese*（《中国古文小品选译》，又称《古文小品》，晋朝陶潜等原著）; *Nun of Taishan and Other Translations*（《老残游记第二集及其他选译》）; *The Chinese Theory of Art: Translation from the Master of Chinese Art*（《中国画论》，译自《国画名家》）。英译汉有《国民革命外记》（原著者不详）、《女子与知识》（罗素夫人原著）、《易卜生评传及其情书》（布兰地司原著）、《卖花女》（剧本，萧伯纳原著）、《励志文集》（马尔腾博士原著）、《新俄学生日记》（奥格约夫原著，林语堂、张友松合译）、《新的文评》（史宾冈、克罗斋、王尔德等原著）。

鲁迅的翻译思想

鲁迅（1881—1936）一生中学过英语、德语、日语三种语言，尤以日语最为熟练。从 1903 年以"庚辰"为名在《浙江潮》第 5 期发表由日文转译的雨果的随笔《哀尘》算起，到 1936 年鲁迅去世前仍在翻译的果戈里的《死魂灵》，鲁迅的翻译活动持续了 33 年之久。他转译了俄国和苏联、日本、英国、法国、德国、奥地利、荷兰、西班牙、芬兰、波兰、捷克斯洛伐克、匈牙利、罗马尼亚、保加利亚这15国的110人的244种作品，涉及短篇小说、中长篇小说、戏剧、童话、诗歌与散文诗、杂文、文艺理论专集及论文，以及其他非虚构类题材的作品，其中俄国和苏联的作品又占一半以上。二十卷的《鲁迅全集》中，后十卷全是翻译作品。鲁迅的译文著作有31部，三百多万字，数量比他的杂文集和小说集加起来还多，故而可以说，鲁迅的第一身份应该是“翻译家”。鲁迅的“翻译家”身份虽然对大众而言相对陌生，但却不容忽视。作为文学家的鲁迅，其创作活动深受翻译活动的影响，可见鲁迅的翻译与创作之间有着内在关联性。

鲁迅早期以译介科学小说和政治小说为主，继而转到对弱小国家的文学作品的译介上来，后期则是对外国革命文艺作品的翻译。他的翻译策略以“直译”或后人所说的“硬译”为主，语言多为欧化语言。1926年夏，鲁迅在齐宗颐协助下译出了荷兰作家望·蔼覃的《小约翰》。在这则故事中幼年与“旋儿”为友、在自然里无忧无虑生活的小约翰最终踏上他的辛劳之路，向着苦痛的、深沉的大城市探索求知。正是译成《小约翰》的同年9月，鲁迅创作了《从百草园到三味书屋》，同样描述了一段主人翁从“百草园”的自然世界到“三味书屋”求知的成长历程，同样表达出对幼时儿童的快乐天性和无忧无虑生活的怀念。

除了内容结构，翻译对鲁迅创作的影响还见于文章风格方面。鲁迅选译的作品之中不乏一些具有颓废阴冷美学风格的作品，如一生困苦、最终饥寒交迫而死的安特来夫的《默》《谩》《黯澹的烟霭里》以及阿尔志跋绥夫的《医生》《工人绥惠略夫》等描述了人孤独的处境、难缠的疾病和落寞的死亡结局。为着刺痛普罗大众麻木的神经，为着让他们从思想上觉醒，他毫无掩饰地将社会之残酷、人性之冷漠呈现在作品之中。这样一种颓废阴冷也似乎是他从异域作品之中所汲取来的风格。

由此，我们看到了翻译之于鲁迅成为伟大作家的意义，也看到了翻译本身的价值与我们做翻译家鲁迅研究的意义。鲁迅的皇皇译著，是为国家前途而译，是为国民进步而著，因此研究“翻译家”鲁迅不可忽视的一个要点就是要看到鲁迅翻译活动之中的红色底蕴，要看到一个“红色翻译家”的形象。所谓“红色翻译家”，在我们看来，是指那些翻译动机是“为人民大众服务”，翻译选材是国外红色主题的进步作品，并且希望通过译作激发人民“民族自强”意识，将自身的翻译实践与国民之进步、国家之富强紧密联系在一起的翻译家。鲁迅就是这样一位红色翻译家，他译介的作品题材、他的翻译活动以及他的翻译目的，都可以彰显鲁迅的这种身份。

鲁迅翻译家身份中的红色底蕴首先体现在他译作选材之红。从他所译介的革命文学、无产阶级文艺理论等作品不难看出个中浓厚的红色韵味。在鲁迅看来，文学是“永远革命”的场域。日本文学评论家厨川白村的《出了象牙之塔》、日本小说家武者小路实笃的《一个青年的梦》以及俄国作家阿尔志跋绥夫的《医生》等，鲁迅选译的这些文学评论或者文学作品无不具有很强的革新性，无不是鲁迅用以抨击旧思想、揭露国民劣根性的利器。在《出了象牙之塔》中，厨川白村以出世战士的勇猛姿态，对本国的封建主义作了大胆的、淋漓尽致的揭露。他希望通过译介这些具有自我批判意识、自我革命精神的作品能够在国人的精神世界带来一些震荡，让国人意识到自己内里存在着的那些备受指摘的世态，并且如“割疮”一般祛除它们，一尝“一割创痛的痛快”[①]。

类似“割疮”这样的治病隐喻也出现在鲁迅为《一个青年的梦》所写的译者序中。他之所以翻译这部作品，原因在于这剧本透彻的思想、强固的信心和真挚的声音可以医治许多中国旧思想上的痼疾，以助于国人的觉醒。鲁迅敏锐地捕捉到了异国作品之中描述的情形与国内社会现状的某些相似性，他希望通过引介这些具有革新意识、革命精神的作品，让国人自省，让社会革除陈腐的基因，不至于走上一条“硬化、灭亡”的路。

鲁迅译介的第二类红色作品主要是无产阶级文艺理论。从1928年下半年开始，鲁迅把翻译的重心转向了无产阶级革命文艺理论，翻译了普列汉诺夫的《艺术论》、卢那察尔斯基的《文艺与批评》、《苏联的文艺政策》和《艺术论》等。李欧梵对鲁迅译介这两位苏联马克思主义经典文论家著作的原因做了这样的阐释：“从理论的正统看，鲁迅似乎应当翻译马、恩、列的著作，为什么不这样做，却选译普列汉诺夫和卢那察尔斯基呢？可能有两方面的原因：一是在国民党审查下，马、恩、列的著作未免太红，不易出版；更重要的，是这三个人并没有专论文学的系统著作，鲁迅很难从马、恩论欧洲少数作家的文字中抽出系统的理论，……普列汉诺夫和卢那察尔斯基的著作比较多，于文学艺术也比较专精。两人在苏联的声望和地位，也使鲁迅认为他们是可信的权威。”[②]

鲁迅由文学作品到文艺理论这一翻译选材上的转变原因之一与1927年的广州

① 鲁迅著，《鲁迅全集》（第十卷），北京：人民文学出版社，2005，第269页。

② 李欧梵著，尹慧珉译，《马克思主义美学和苏联文学的影响（上）》，《国外鲁迅研究》，1999，第37页。

“四·一五”反革命政变紧密相关。国民党反动派在广州实行的反革命大屠杀让鲁迅的世界观发生了质变，也造成了鲁迅对进化论的社会发展观的彻底扬弃，转而更加系统地学习马克思主义。鲁迅自1928年开始的对马克思主义文艺理论的翻译，从一定意义上来说，也是他认真学习马克思主义的一个有机组成部分，他要解剖自己，清理思想，改造世界观。鲁迅译介无产阶级革命文艺理论的第二个原因是为了适应当时革命形势的发展，通过输入马克思主义关于文学艺术的基本原理，切实解决革命文学论争中提出的一系列理论问题。1928年大革命失败以后，以上海为中心的无产阶级文学运动蓬勃兴起，创造社、太阳社等新文学团体提出了“无产阶级革命文学”的口号，并力图以马克思主义观点来阐明自己的文学主张。但由于他们还没有完全克服小资产阶级意识，再加上受国内外“左”倾思潮的影响，主张“革命的力量是要纯粹又纯粹，革命的道路是要笔直又笔直”。他们所宣传的文艺理论在某些方面也就带有明显的教条主义倾向和唯心论、形而上学的色彩，鼓吹描写“美满的革命”的文艺思想。尤其是他们对“五四”以来的新文艺运动和作家队伍的评价，完全背离了客观实际，以致错误地攻击了鲁迅等进步作家。如鲁迅自己所言，他们的指责甚至是攻击“既不中腠理，子弹所击之处，也不是致命伤。”[①]鲁迅甚至希冀有一个能操马克思主义批评的枪法的人来狙击他，然而这个人鲁迅始终没有等到。鲁迅深知没有革命的理论就不可能有革命的运动，当他的希望终于落空之后，就自己动手来译介马克思主义文艺理论。

鲁迅翻译介绍外国文学的目的很明确，就是为了提高国人的觉悟，促进其觉醒，为了中国革命的顺利进行。如他自己所言，翻译诸多作品，是要疗救国民、疗救社会，要“传播被虐待者的苦痛的呼声”，刺痛麻木大众的神经，“激发国人对于强权者的憎恶和愤怒而已，并不是从什么‘艺术之宫’里伸出手来，拔了海外的奇花瑶草，来移植在华国的艺苑。”[②]从中不难看出鲁迅翻译动机之中的红色意涵。

鲁迅所译的爱罗先珂的童话作品就是明确的例证。他在爱氏的童话中看到了极强的现实指向性，童话中的形象无疑是社会万象的真实写照，是用以刺激国内大众麻木神经的利器。爱罗先珂写出来一些“有真实性的梦”并且“招呼人们进向这梦中，看定了真实的虹”，

① 鲁迅著，《鲁迅全集》（第四卷），北京：人民文学出版社，1981，第213页。

② 鲁迅著，《鲁迅全集》（第一卷），北京：人民文学出版社，2005，第237页。

透视真实的现实，不至于沉迷于梦游的状态。这一层“现实关怀”的意味是一般童话的受众——儿童——所不能体味的。可见，爱罗先珂的创作目标受众并非儿童，而是力图通过童话书写串联起与现实的深刻联系，达到讽喻警醒的目的。

《池边》是鲁迅翻译的第一篇爱罗先珂的作品。在这篇童话中，“不忍目睹世界的黑暗，想救世界，想恢复太阳”的两只蝴蝶淹死在黑夜的海浪之中。无力但执着是爱氏作品中“蝴蝶”式意象的最大特征，它们在蟋蟀、猫头鹰、蝙蝠等的声讨和反对声中执着地“叛逆”而去，像文章结尾的哀叹“这却没一个知道的人”那样以一种殉道的方式离开世界。同时，蝴蝶也是弱小和强大的结合体，从这样的弱者身上，爱罗先珂展现出了无我忘我、为世界大众谋幸福的献身精神。

同样，在童话之中，爱罗先珂也树立起了一些反面形象。蝙蝠狡猾世故，将拯救太阳和世界的蝴蝶定性为须得被捉住的造反乱党。更加可悲的是，小学、中学、大学的教师们在海边瞧见了蝴蝶的尸体后，指着它们对自己的学生进行了一番要安分守已、“满足于自己的现状”的说教。鲁迅在翻译这篇作品时必然在这些师生的身上看到了那时国内“保守的、奴性的反动教育”的影子，两者之间遥远的相似性促使他“依自己主见”选译了这篇作品，希冀借蝴蝶的“赤子之心”来抵抗昏暗的现实社会，用昏聩的师生和狡猾的蝙蝠来点醒国人。

另一部作品《狭的笼》讲述了印度动物园里一只笼中虎的幻梦。厌倦了笼子外的人类“痴呆的笑”，痛恨着在这狭小的空间中日复一日的生活，老虎向着牢笼发起攻击，逃出牢笼，它如同对压迫和旧秩序奋勇无畏的反抗者。老虎冲破“狭的笼”，奋不顾身地拯救羊群、金丝雀、金鱼，宣传自由和解放。鲁迅寻求突破、寻求革新的内心欲望在异国他乡的一只老虎那里得到了满足。但这样的满足是缥缈且短暂的，老虎试图冲垮羊圈、试图拯救群羊，却被牧民所伤。作为统治者的人类一次次阻碍老虎，但这只博爱的老虎仍然试图去拯救一个将被殉葬的寡妇以及因为爱上敌人而被处死刑的女子。当然，它的行动再次失败了。老虎自己何尝逃出过笼子；他看到了笼，到处都是笼，同世间万物一样，处在无往不在有形或无形的“狭的笼”的束缚之中。

借之于《狭的笼》，鲁迅想传达的还有笼中不愿自由、惊吓而死的金丝雀和逃避解放的金鱼照见了人类身上愿跪不愿起的奴性意识。除此之外，《狭的笼》中还留有一种愚昧的味道。国内的鲁迅用自身的灰色体验，重染了俄国爱罗先珂的感伤。牢笼之外“痴呆的脸”上挂着“那痴呆的下流的笑”的愚昧之人与国内的迷蒙看客们可不恰好具有内在的同构性，它们和逃出牢笼的老虎的对比是如此鲜明。这样一种注视性和嘲讽性的无奈刻画是想引起国人的注意，他所能调动起的气力都已经在文字层面展现出来了。

除童话外，对俄国阿尔志跛绥夫的中篇小说《工人绥惠略夫》的译介也能体现出鲁迅的翻译动机之中的红色基因。鲁迅译介《工人绥惠略夫》具有一定的机缘巧合性。作为第一次世界大战的战胜国，中国的战利品之一是上海德国商人俱乐部里以文学为主的大量德文书，教育部得到这些书后便派鲁迅等人进行整理。鲁迅说，“那一堆书里文学书多得很，为什么那时偏要挑中这一篇呢？那意思，我现在有点记不真切了”。至于为什么挑中了这一本进行翻译，鲁迅也难以仔细言明，大抵是看中了阿尔志跛绥夫作品的写实，鲁迅认为阿尔志跛绥夫“表现之深刻”在侪辈之中达到了极致。的确，《工人绥惠略夫》所揭露的那个“不可救药的社会”与旧中国的社会现实很是相似，工人绥惠略夫的境遇与中国过去、现在乃至“将来”的改革者的境遇也很相像：他们本是想通过革命拯救群众，结果反被群众和社会所迫害。

正如蔡元培在《鲁迅全集》第一卷卷首所说，“先生阅世既深，有种种不忍见不忍闻的事实，而自己又有一种理想的世界，蕴积既久，非一吐不快。但彼既博览而又虚衷，对于世界文学家之作品，有所见略同者，尽量的移译”①。异域那些“所见略同者”如同鲁迅的知音，他希冀他选译的作品之中描绘的现实能成为疗救国人、疗救社会的良方。

可见，鲁迅的翻译选材与翻译动机体现出了他的红色情怀，鲁迅选用的翻译方法、鲁迅的翻译思想以及他者看待鲁迅翻译实践的态度，也是需要研究者关注的重要维度。

鲁迅早年的翻译方法以“意译”为主。他早期的几篇译作《月界旅行》《斯巴达之魂》《地底旅行》等都采用了归化的翻译策略，用文言文来翻译，用他自己的话来概括便是：“虽说译，其实乃是改作。”②这一“意译为主”的倾向与晚清的风尚不无关系，晚清的“意译风尚”对鲁迅的影响很大。彼时尚处于外国文学翻译的初期，由于传统思维以及潜意识里的“中华中心主义”的思维惯性的作用还很强大，再加上心理上对外来文化的排斥，人们往往带着一种“入我门来”的翻译观进行翻译。于是，那时的翻译活动之中到处存在着传统诗学观对处于异质文化的“侵入”。严复、林纾等人均是这种“入我门来”

---

① 鲁迅先生纪念委员会编，“鲁迅先生全集序”，《鲁迅全集》（第一卷），鲁迅全集出版社，1948，第2页。

② 鲁迅著，《鲁迅全集》（第十三卷），北京：人民文学出版社，2005，第93页。

“意译为主”翻译观的践行者。鲁迅早年的译风可以说很大程度上是受了彼时文学场域和前辈翻译家的影响，这也是社会翻译学所关注的维度。

其实，鲁迅前期选择意译这一翻译方法的背后也不全是“跟风模仿”。施莱尔马赫在《论翻译的不同方法》中提出两种翻译方法：要么“尽可能地不打扰原作者，让读者接近作者”，要么“尽可能地不打扰读者，让作者接近读者”。鲁迅译介《斯巴达之魂》的目的是让中国人同仇敌忾，维护民族尊严。因而他希望译作能顺利快速地走进读者心中，与读者产生民族主义共鸣。鲁迅的翻译风格糅合着自己的民族情怀，他使用意译、编译的方式和全篇文言文的形式，“不打扰读者”“接近读者”，从而激发读者的民族主义情怀。

1909 年之后，鲁迅的翻译思想日趋成熟，他在不断地探索尝试之后，首开直译之先河，逐步形成了自己独特的翻译风格。鲁迅的翻译方法从意译转向直译的关键节点就是鲁迅与周作人兄弟合译的《域外小说集》。《域外小说集》周氏兄弟译本的出版是一个里程碑式的翻译事件，陈福康在《中国译学理论史稿》中更是将这一译本誉为“中国近代译论史上的重大文献”，它不仅仅标志着鲁迅逐渐放弃了亦编亦译的意译风格，还对中国后来的文学创作和翻译产生了深远影响。

鲁迅《域外小说集·略例》中言道，“任意删易，即为不诚”，因而，在翻译时甚至连地名人名都“悉如原译，不加节省”。正是因为他摒弃了以往意译、用文言文翻译等方法，“异域文述新宗，自此始入华土。”鲁迅开始在翻译中采取异化的策略，他“悉如原译，不加节省”的直译带来了汉语的欧化，诸如多定语修饰的词组、系词的增加、音译、被动式、介词使用等汉语欧化的例子在他晚年译介的高尔基的《俄罗斯童话》中比比皆是。

直译带来的汉语欧化现象很大程度上会造成译文的佶屈聱牙，增加了读者的阅读负担，但鲁迅在转变翻译方法时并非没有考量读者因素。提出“读者反映论”的翻译理论家奈达也曾根据个人的知识水平和接受能力，将读者分为儿童、初识文字者、成人的识字者、专业人士，以便译者在生产译本时考量受众接收信息的能力。在写给瞿秋白的信中，鲁迅也对读者进行了划分，他把读者根据层次分为三类：“甲，有很受了教育的；乙，有略能识字的；丙，有识字无几的。而其中的丙，则在‘读者’的范围之外，启发他们是图画，演讲，戏剧，电影的任务，在这里可以不论。但就甲乙两种，也不能用同样的书籍，应该各有供给阅读的相当的书。供给乙的，还不能用翻译，至少是改作，最好还是创作，……

至于供给甲类的读者的译本，无论什么，我还是至今主张'宁信而不顺'的。"[①]也就是说，鲁迅在转向直译时，是充分考虑了读者的因素，他对"甲类读者"的预期表明了他对这类读者接受能力的期待。

翻译方法上的转变其实是与鲁迅改造社会、改造国民的翻译动机紧密联系在一起的。维特根斯坦认为"The limits of my language are the limits of my world."（吾语言之限，即吾世界之限。）个人语言之局限即其世界之局限，也表明了语言观对世界观的影响之大。因此，改造社会、改造思想，必须改造中国的文化、中国的语言。中文这一"意合"的语言并不具备"形合"语言明显的词性区别和严谨的句子结构，因而缺乏精确的分析功能和描述效果，这也是以汉语为母语的大众群体思维的一大短板。鲁迅觉察到，语言之穷乏和语言的不严谨性对传播新思想、改造国民性十分不利。正如鲁迅在《关于翻译的通信》一文中说，"中国的文或话，法子实在太不精密了，作文的秘诀，是在避去熟字，删掉虚字，就是好文章，讲话的时候，也时时要辞不达意，这就是话不够用……这语法的不精密，就在证明思路的不精密，换一句话，就是脑筋有些胡涂。倘若永远用着胡涂话，即使读的时候，滔滔而下，但归根结蒂，所得的还是一个胡涂的影子。"[②]坚持"至于供给甲类的读者的译本，无论什么，我是至今主张'宁信而不顺'的。……这样的译本，不但在输入新的内容，也在输入新的表现法。"[③]故而，鲁迅试图通过翻译引进欧化的语言表达和语法规则，从语言层面上解决国人"脑筋有些糊涂"的问题，没有"欧化"，大众语文就会"含胡下去"。改造语言是为了改造思维，如不借助于外来的语法，国人精神的表述便会永远禁闭在一个封闭的系统之中。从这样的顾虑之中，我们也可以清晰地看到鲁迅对改造社会、改良汉语的迫切心情，也看到他翻译方法转变的红色根源。

从以上对鲁迅在翻译选材、翻译动机方面的分析以及对语言层面上鲁迅把翻译方法由意译转为直译的探讨，可以透视鲁迅的翻译思想。

对于外国文学的译介，鲁迅的主张可归结为两个字：拿来！用鲁迅自己的话说便是"没有拿来的，人不能自成为新人，没有拿来的，文艺不能自成为新文艺。"[④]"拿来主义"

① 罗新璋编，《翻译论集》，北京：商务印书馆，1984，第275页。

② 同上，第276页。

③ 同上，第275—276页。

④ 鲁迅著，《鲁迅全集》（第六卷），北京：人民文学出版社，2005年，第41页。

一词是鲁迅首倡的概念。根据上文对鲁迅直译或者说硬译的分析，鲁迅从西方语言文化之中拿来了语法规则改造“无法适应翻译西方思想、文学与科学技术的实际需要”的汉语。同时，他拿来的是别国，尤其是俄国诸如《工人绥惠略夫》等具有强现实指向性的作品以及无产阶级革命文艺理论，用以烛照国内的社会现实问题，获得医治时代病症、改造国民思想的启示。凡“人有我无，当拿来之”，凡“我有人优，当拿来之”。鲁迅并不乞求别国为我们主动送来改革的良方、进步的良见。为着自己改革国民、谋求国家进步的初心，他主张我们“自己要运用脑髓，放出眼光，自己来拿”[①]，将文学救国的思想付诸翻译实践，把文学翻译和政治紧密结合在一起，用拿来的译作推动着民族解放和社会变革。上文提到，二十卷《鲁迅全集》，后十卷全是翻译，这本身就闪耀着“拿来主义”的光辉。诚然，经过鲁迅对“直译、硬译”“宁信而不顺”的坚守，对译介别国优秀作品的笔耕不辍，中国语言文化这所房子，“主人是新主人，宅子也会成为新宅子。”[②]

在《写在〈坟〉后面》一文中，鲁迅指出，“以为一切事物，在转变中，是总有多少中间物的……在进化的链子上，一切都是中间物。”[③]甚至，在反观自己的身份，反观自己在新文化运动中的作用时，他也将自己及新文化运动者看作是“不三不四的作者”和“应该和光阴偕逝”的“中间物”。这种中间物思想之中，多少带有一点自我否定的含义。鲁迅深知，要达到“激发国人对于强权者的憎恶和愤怒”，让国人不再做脸上“挂着‘那痴呆的下流的笑’的愚昧之人”的目的，道阻且长。他把自己在翻译事业中也比作中间物，甘愿做人梯，流血，流汗，甚至接受骂名的批评，忍辱负重。他写道：自然，世间总会有较好的翻译者，能够译成既不曲，也不“硬”或“死”的文章的，那时我的译本当然就被淘汰，我就只要来填这从“无有”到“较好”的空间罢了。如他在《俄罗斯的童话》小引中所阐释的那样，他是真心希望着在革命的过程中，会不断涌现新的优秀译作服务于人民和革命。中间物思想透视的是鲁迅对自己人生的态度和对自己的译作的历史评价，这种“自我反观与自我否定”在另一种意义上也是对自己的译作历史地位的一种肯定，如同“在进化的链子上”需要“中间物”一样，中国的革命进程中、国民的思想启蒙之路上，也需要鲁迅这样的红色翻译家在陈腐的传统和未来的革新之间充当着“中间物”，担负起

① 鲁迅著，《鲁迅全集》（第六卷），北京：人民文学出版社，2005 年，第 40 页。

② 同上，第 41 页。

③ 鲁迅著，《鲁迅全集》（第一卷），北京：人民文学出版社，2005 年，第 301—302 页。

探索者的先锋作用。

翻译是一项复杂的文化交际活动，译者需要处理自我与异域作者、目标读者等他者之间的关系，从鲁迅对待他者的态度上可以一窥他的“他者导向”思想。复刻原文的语句特点是鲁迅硬译的根源，这背后源于鲁迅对于异质文化的尊重。“以异为异”，尊重和突出源语和汉语之间的差异，是鲁迅意图通过对“他者”的传介来改造自身、丰富自身。鲁迅深刻认识到语言是民族思维方式的指向标，一个民族的思维方式与语言之间存在一种直接的关系。通过翻译可以改造更新语言，进而更新民族的思维方式。他主张能彰显异质性的直译策略正是为了引进语言的新的表现法。即便被人指责“译文艰涩难懂”，他也要直译译文，坚持自己的翻译方法，并且他相信那“很受了教育的”甲类读者能够读懂他带着大心和苦心完成的译作，希望他所尊重的、所崇敬的异国作品中的优秀特质能给国人思想带来改变。

鲁迅翻译思想中的“他者导向”还体现在他对于国内幼者的关怀，即“幼者本位”思想。在鲁迅看来，“将来即幼者”，关怀幼者、培养新生对国家之未来、革命之结果至关重要。鲁迅曾先后翻译过《爱罗先科童话集》《小约翰》《小彼得》《表》《俄罗斯的童话》等多部童话作品，这在他的翻译作品中占相当大的比重。首先鲁迅认识到中国缺乏此类文学，国家的未来在于下一代，他便自觉地担负起了这项任务，尽了更多的心力，而且比翻译其他作品更多。正如鲁迅自己所言，“因为考虑到读者的程度，想不用难字，话也比较的容易懂，不料竟比做古文还难。”[①]鲁迅还翻译过有岛武郎的《与幼小者》和《阿末的死》，两篇都是以儿童问题为中心的作品。可见鲁迅非常关注儿童问题，他曾在《狂人日记》中发出“救救孩子”的呼声，并始终关注这一问题。如鲁迅在《我们现在怎样做父亲》一文中所说，“对于子女，义务思想须加多……肩住黑暗的闸门，放孩子到宽阔光明的地方去；此后幸福的度日，合理做人。”[②]我们也期待日后会有更多人能本着“幼者本位”的思想给我们国家的孩子更多的人文关怀。

研究评价鲁迅的翻译活动有必要从此中跳脱出来，看看他人对其译作的评价和看法。谈及鲁迅的翻译，绕不过的一个话题就是鲁迅与梁实秋长达八年的翻译论战。梁实秋本人

① 鲁迅著，《鲁迅全集》（第十三卷），北京：人民文学出版社，2005 年，第 329 页。

② 鲁迅著，《鲁迅全集》（第一卷），北京：人民文学出版社，2005 年，第 137、135 页。

一贯秉持“翻译要顺畅，要让不懂源语言的人看懂”[①]，这似乎是他严厉指摘鲁迅硬译的出发点。鲁迅本人并不认为“硬译”一词带有贬义，他只是将它视作直译的同义词。梁实秋却认为“硬译”无异于“死译”，其危害更甚于“曲译”。他曾不止一次地枚举过鲁迅“硬译”的例子，认为之所以会出现“硬译”，主要是译者没有把握外文的含义，或译不出来时勉强为之，或生造出除自己以外谁也不懂的句法词法之类，或以硬译的方法跨过自己不懂的原文，或把改良国文和翻译搅成一团，等等。他的这些指责显然都具有针对性，矛头所指就是被他称为“硬译大师”的鲁迅。

除了翻译标准之外，梁实秋在翻译和汉语发展的关系上的观点也与鲁迅向左。鲁迅试图用硬译改良汉语的目的。梁实秋则坚持中文文法之受欧洲语言影响而发生变化是不可避免的事，但应该认识到这一过程的循序渐进性。在他看来，翻译家虽不妨作种种尝试，但鲁迅似乎操之过急，欲速则不达，最终连翻译本身的职责也丢了。

梁鲁二人在翻译标准以及翻译和汉语发展关系上的对立观点是这场论战中不可调和的矛盾冲突，直到鲁迅身后这场论战似乎都不曾停息。梁实秋的一家之言似乎不能代表所有批评家的观点，彼时学界是否有鲁迅的支持者，是否有人能理解鲁迅的苦心，答案是肯定的。

在翻译与汉语发展的关系上，中国共产党早期主要领导人之一瞿秋白与鲁迅的观念是一致的，他认为“翻译——除出能够介绍原本的内容给中国读者之外——还有一个很重要的作用：就是帮助我们创造出新的中国的现代言语”。[②]对于鲁迅的译作，瞿秋白也毫不吝惜自己的赞美之词。看了鲁迅翻译的《毁灭》后，对他的翻译进行定性与定位，“《毁灭》《铁流》等等的出版，应当认为一切中国革命文学家的责任。每一个革命的文学战线上的战士，每一个革命的读者，应当庆祝这一个胜利；虽然这还只是小小的胜利。”[③]瞿秋白在祝贺鲁迅翻译《毁灭》出版的同时，也把鲁迅为革命而付出“这种个人式努力变成团体的”。瞿秋白对鲁迅说，“看着这本《毁灭》，简直非常的激动：我爱它，像爱自己的儿女一样”。[④]瞿秋白在赞扬鲁迅的翻译事业的同时，希望鲁迅的努力能带动更多人投入到

---

① 刘全福著，《鲁迅、梁实秋翻译论战焦点透析》，《中国翻译》，2000（03），第57—61页。

② 鲁迅著，《鲁迅全集》（第四卷），北京：人民文学出版社，1981，第380页。

③ 同上，第379页。

④ 同上，第380页。

红色事业之中，“使我们的小小的事业扩大起来”。[①]

正如鲁迅自己所言，他的翻译事业是其革命长途上的中间物罢了，他可以坦然地面对赞美、指摘甚至接受骂名的批评。事实上，只要译作中的文字能为国民之觉醒、国家之进步带来一点改变，鲁迅付出的努力就是有价值的。

鲁迅的译著就是横跨东西方文学的一座金桥。鲁迅的文学活动，就是从翻译、介绍外国文学开始的，而且这贯串他一生的始终。如果忽略他为改良汉语、改造国民、国家进步而译的三十一部译作，忽视他“红色翻译家”的身份，那么对鲁迅的诠释就是不到位的。鲁迅的翻译选材以及他在翻译方法上所做出的由意译转为直译的改变，都紧紧围绕着他“为了刺痛麻木大众的神经，提高中国人民的觉悟，为了疗救社会，为了中国革命的胜利”的初心。鲁迅独特的翻译活动之中体现出来的“拿来主义”“中间物”“他者导向”的翻译思想，在当代语境之中仍然具有启示意义。

实践层面上，鲁迅的硬译保留了源语言的特征，这样的做法在讲好中国故事、促进中华文化“走出去”的当下具有一定的参考价值。在文化交流日益频繁的今天，是否应该对其他语言世界的读者拥有信心，采用“异化”的翻译策略，在汉译英时保留一些对译入语受众陌生的汉语文化元素，尤其是典籍外译的读者大都是学者、相关专业学生，相信目标读者能够理解并且也可以促进异域文化传播。在翻译实践中出现的种种问题，译者在翻译过程中不求甚解以至于错误百出，缺乏了鲁迅在翻译实践中秉持的以他者为导向、“尊重他者”的谦卑意识。这也从侧面强调了翻译作为一门学科在实践方面和学术方面不可或缺的独特性。翻译活动本身弥漫着译者的个人主观意识，译者的主体性在其中发挥着关键作用，因此，研究鲁迅的译本及其翻译活动对于重识翻译家鲁迅的独特经验和普遍价值有着深远的意义。

葛浩文的中西文化渗透

葛浩文（Howard Goldblatt，1939—）作为一名汉学家，对中国社会的贡献在于他翻

① 鲁迅著，《鲁迅全集》（第四卷），北京：人民文学出版社，1981，第 380 页。

译了37位中国作家的66部文学作品，把当代优秀的中文文学创作译介到了英语世界，是有史以来翻译中文小说最多的美国翻译家，也是英语世界地位最高的中国文学翻译家，被誉为翻译中国文学的“首席翻译家”。

葛浩文的翻译生涯始于1978年，在几十年的翻译生涯中，他的翻译选材出现了明显的变化，从早期基于学术兴趣的翻译，到后期逐渐倾向于文学作品的翻译。总体而言，葛浩文的翻译归化和异化相融通，直译和意译相结合。为了增强译文的可读性，葛浩文更加倾向于归化和意译。葛浩文认为，翻译的目的是让译入语读者接受，译者的任务是消除语言障碍。因此，葛浩文把读者接受置于翻译首位，偏重归化的译本，强调译者的隐身。葛浩文的翻译实践体现了从外国人的角度阐释中国文学作品的视角，在一定程度上让中国文学抹上了英美文学的色彩。

葛浩文的翻译态度严谨讲究，认为翻译是一种跨文化的活动，译者是人类精神的信使，翻译是不同文化的融合，“我热爱创造性和忠实于原著之间的冲突，以及最终难免的妥协。时不时地，我会遇到一本令人无比激动的著作，我就会全身心地投入翻译它的工作中。换句话说，我译故我在。”翻译过程中强调原著文化内涵的完整性。葛浩文的翻译实践是西方翻译研究文化学派的代表人物安德烈·勒菲弗尔（Andre Lefevere）的改写理论的具体实践。在勒菲弗尔看来，翻译不仅是一种对原语文本的改写，还是一种文化改写或文化操控。改写反映了某种特定的意识形态和诗学，并且这种操控在一个特定的社会以某种特定方式发生。

葛浩文认为重写是翻译的本质，“作者是为中国人写作，而我是为外国人翻译。翻译是个重新写作的过程。”在具体翻译过程中，葛浩文对原作进行了不同程度的改写，从对小说标题的改译，到对冗长的小说内容和复杂结构的调整和删减，再到对一些涉及政治、宗教等敏感词的替换，对涉及社会背景的内容进行模糊化的处理，都是改写理论在翻译实践中的具体运用。葛浩文基本都采取意译为主、直译为辅的翻译策略。标题的改译会改变原作的叙事视角，透显了潜在的文化内涵，补充了相关文化信息。为了符合英美读者的阅读习惯，葛浩文对文本结构进行调整，有时甚至要求作者改变故事的结局。在翻译过程中，葛浩文会根据自己的政治倾向替换一些敏感性的词语，译文中反映的是他本人的意识形态。同时，他还会删减一些不可译的文化元素、作者对政治和历史的评论等内容。

为了推广中国小说在英语世界的接受，葛浩文在选材方面非常认真，选择那些写法严整紧凑、情节扣人心弦，并且适应国外市场的小说进行翻译，而他的工作也从翻译原文迈向推广译作的方向。中国文学海外传播过程中，译者的模式选择非常重要，研究葛浩文的中国文学路径，是考察汉学家译者模式以及归化翻译策略的个案研究。但是，由于葛浩文译介中国文学的丰富经历，对于他的研究超越了个案研究的层面而具有普遍性价值。

作为诺贝尔文学奖获得者莫言的译者，葛浩文的翻译经历更加突显了译者在文化传播方面的角色，他本人也在不同场合呼吁对译者的作用和工作的重视和认可。在中国文化外译的过程中，译者的创造性和主体性发挥着关键的作用。在中国文化尤其是中国文学译介的过程中，以葛浩文为代表的汉学家译者发挥着独到且独特的作用。

三

文化语境对译者的制约与影响

翻译既是有规律和方法的“科学”，同时又是需要极大创造性和想象力的“艺术”，考察翻译活动应该结合翻译的科学性和艺术性特点，翻译从业者应浸入到翻译的实际过程，身临其境地体验自己的“译者”角色。文化语境对译者的翻译活动有着制约和影响，在翻译过程中强调“语言现象”，加强“文化意识”，对于翻译产品的质量起着重要作用。把翻译视为一个蕴含缜密逻辑发展的思维过程，从前期的译者准备一直到最后的清稿，在语篇的基础上结合译文分析和翻译实例，把握整个翻译过程的总体脉络，实现从初涉翻译的殿堂到“成为一位称职的译者”的蜕变。

文化语境对于译者的制约与影响，首先表现在语言层面。汉英翻译中，英语文字要尽量自然、自如、自在，这一语言表达境界对译者提出了极大挑战。此类翻译的种种难点体现在细微的措辞造句之中，地道的英语表达能力及独到的英美文化感悟力是最为关键的能力。在此层面，对英语语感以及文化因素的要求很高，需要前期大量的语言输入和文化积累，由深厚的语言积累而自然获得的“语感”非常重要。汉译英的关键不仅在于对于语言的掌握和翻译技巧的把握，更在于对翻译之外的汉英文化的了解和谙熟。

这种制约和影响还表现在历史传统、价值观、意识形态等更为宏观和抽象的方面，这些方面的差异会直接表现在思维形式上。对于译者而言，要求充分发挥译者的主体性，处理好各种文化元素给译者带来的问题和障碍。译者主体性是指作为翻译主体的译者在尊重翻译对象的前提下，为实现翻译目的而在翻译活动中表现出的主观能动性，其基本特征是翻译主体自觉的文化意识、人文品格和文化、审美创造性。涉及具体的翻译实践，译者需要在语言文字和文化元素两个方面进行考虑，采取适合的翻译方法加以处理。

在考察译者行为时，我们对不同译者的翻译思想和翻译策略进行了探讨，可以看出，不同的时代背景、文化态势、意识形态乃至译者的个人喜好都可能会影响或决定翻译策略和翻译方法。出于不同的翻译动机和翻译目的，译者翻译的出发点可能就有很大不同，有的译者考虑的是原作者，有的则考虑读者，这样翻译出来的译本就会在风格方面有着极大的不同。

作为译者，承担的是多重角色的任务，既要充当读者，可以说一本书谁也没有译者读得那么细心，因为他/她非得如此不可；还要充当编辑，因为好的译文是改出来的；还要富有充当想象力的作者，因为好的译句可遇不可求。因此，把翻译研究置于更广阔的文化研究语境之下，仅仅解决翻译过程中的一些操作技巧问题是远远不够的。在这个层面上，需要译者适应译入语的生态环境，突破语言的障碍和文化的藩篱，真正完成译者的任务，实现翻译的使命。

小　结

本部分从译者的翻译过程研究和文化语境对译者的制约与影响两个方面探讨了汉译英译介过程中的译者行为，通过译者个案分析解释译者作为翻译过程中关键的主体的作用及其译者主动性的发挥。研究表明，汉英翻译过程应加强译者对中英语言中的文化现象的自觉意识，并对译入语文化的接受度予以充分的认识。译者主体性的发挥要保持均衡的限度，符合翻译学科的要求和翻译实践的现实。

总体而言，译者行为是翻译过程中决定译本质量的重要因素，对译者行为的考察实际上是对翻译活动运行的考察。结合文化语境对译者在翻译活动的三个阶段进行综合考量，一方面可以对翻译活动的三阶段进行综合考察，另一方面可以体现译者在翻译过程中的重要作用，也对一直“隐身”的译者“现身”现象的探讨，从而拓展译者研究的力度和深度。

结语

立足汉英翻译 讲好中国故事

在当今中国文化走出去的背景下，汉译英目前已经成为国内翻译的大趋势，而文化内容必是其中的“重头戏”。毋庸讳言，当前一些中译英译文质量值得商榷，真正称职的译者跟庞大的翻译需求也不成比例。在此意义上，关注汉译英翻译的文化移植，绝对是翻译研究的应有之义。

“译”是语言交际能力不可或缺的重要组成部分，也是当今社会信息沟通和文化交流的重要媒介。翻译是按原文信息、风格和精神再现其整体效果的艺术性再创作，是在一定的约束框架内进行的想象和写作，因此可以得“意”忘“形”，但不可凭空发挥。汉英翻译对两种语言的语感的考察较为全面，因此需要前期大量的语言输入，由深厚的语言积累而自然获得的“语感”是保证译文质量的前提。然而，汉译英的关键不仅在于对于语言的掌握和技巧的把握，更在于对汉英文化的了解和谙熟。

翻译不仅是一种跨语言的交际活动，更是一种跨文化的交际活动。语言和文化相互影响，相互作用，相互制约。语言是文化的产物，无论从语言的符号观还是社会观来看，语言都带有明显的文化特征。作为文化载体的语言只有在特定的文化中才具有意义。语言的文化性集中表现在语言的文化属性、文化价值和文化功能等方面。作为语言内涵的文化，对于语言的影响是全方面的。这种影响集中表现在三个方面：影响并制约语言系统（包括语音、词汇、语法等）；决定语言的指称内容与形式；作用于人类的语言思维与表达形式。中英两个民族在价值观念、宗教信仰、民情风俗、历史背景、地理条件、社会制度、生活经验等方面存在着巨大差异，这种文化上的差异不仅给各自的载体语言打上了深深的烙印，还为这两种语言之间的互译带来了一定的障碍。同时，任何能够产生广泛影响的翻译活动，一定是在文化和意识形态层面展开的。因此，翻译不仅仅是述说，而且还在述行，翻译在文化重构中起着非常重要的作用。纵观文化的进程，每当社会繁荣时期，必定伴随着翻译事业的兴旺发展。

翻译不是边缘科学，涉及的学科超过了任何一门专业。从翻译理论思想对翻译实践的作用看，主要表现在译者对原作和原作者的态度和遵循的翻译标准和采取的手法。语言的娴熟、文化的关注、技巧的掌握是译者不可或缺的三大要素。汉译英译介过程中的文化选择意向和模式，翻译主体对中国文化的独特感知和认同，译介对象的倾斜，文本类型的选择，原文教育性、审美性、文学性的考虑，都对汉英翻译产生重要影响。

基于以上的考虑，汉英翻译过程中，译者要想透彻理解原文，就必须了解两种文化之间的差异。文化差异首先体现在语言上，隐身于几乎每个语句之中。译者要根据上下文和语境实际情况来译，特别要关注“text”（文本）的“context”（上下文），要注意或善于根据不同的翻译对象及其文化语境来设计和调整自己的译笔。这种强烈的文化意识对于中国文化外译，并在译入语环境中得到较好的接受效果起着至关重要的作用。在具体翻译过程中，译者会采取适当的翻译策略对文化元素进行传译，对文化缺省进行信息补偿，以使读者对原文中所包含的文化信息的捕捉达到与原语读者相同或近似的水平。

汉译英的读者对象是广泛的各阶层英语人士，要考虑读者的阅读习惯、审美兴趣以及接受能力。译界对汉译英的诠释主要停留在语言的层面，即译文如何有效地实现意义等值和符合译入语的表达习惯。这只是实现了语言表层结构的等值 / 等效，并没有达到文化深层结构的等值。真正意义上的翻译等效，要求译者注重“外围因素”的价值和作用。“外围因素”指的是除了语言之外的其他因素，比如时代、文化、历史、风俗、传统等渗透在语言内部的这些“外在”方面。本书的写作思路和章节安排注意衔接过渡，体现汉英翻译过程中的思路和规律。本书的宗旨是体现汉英翻译在中国文化译介传播中的作用和价值，突显翻译中国优秀文化的意义，强化翻译过程中的文化意识，从而更好地实现中华文化外译、让世界更好了解中国之目的。立足汉英翻译，讲好中国故事，是中国译界孜孜以求的理想和目标。

作　者
2023 年 3 月

参考书目

1. 程裕祯. 中国文化要略. 北京：外语教学与研究出版社，2017.
2. 胡显耀，李力. 高级文学翻译. 北京：外语教学与研究出版社，2009.
3. 黄振定. 翻译学的语言哲学基础. 上海：上海交通大学出版社，2007.
4. 李建军. 文化翻译论. 上海：复旦大学出版社，2010.
5. 李景端. 翻译编辑谈翻译. 武汉：湖北教育出版社，2009.
6. 李明. 翻译批评与赏析. 武汉：武汉大学出版社，2007.
7. 李欧梵. 马克思主义美学和苏联文学的影响：上. 尹慧珉，译. 国外鲁迅研究，1999.
8. 林太乙. 林语堂传. 西安：陕西师范大学出版社，2002.
9. 林语堂. 论翻译. 语言学论丛：第十九卷. 长春：东北师范大学出版社，1994.
10. 刘枫. 管子：下. 北京：阳光出版社，2016.
11. 刘全福. 鲁迅、梁实秋翻译论战焦点透析. 中国翻译，2000（3）.
12. 鲁迅先生纪念委员会. 鲁迅全集：第一卷. 鲁迅全集出版社，1948.
13. 鲁迅. 鲁迅全集：第一卷. 北京：人民文学出版社，2005.
14. 鲁迅. 鲁迅全集：第四卷. 北京：人民文学出版社，1981.
15. 鲁迅. 鲁迅全集：第五卷. 北京：人民文学出版社，1981.
16. 鲁迅. 鲁迅全集：第六卷. 北京：人民文学出版社，2005.
17. 鲁迅. 鲁迅全集：第十卷. 北京：人民文学出版社，2005.
18. 鲁迅. 鲁迅全集：第十三卷. 北京：人民文学出版社，2005.
19. 罗新璋. 翻译论集. 北京：商务印书馆，1984.
20. 罗选民. 外国文学翻译在中国. 合肥：安徽文艺出版社，2003.
21. 裘小龙. 唐宋诗词 100 首. 上海：华东师范大学出版社，2006.

22. 滕帅，李明. 贞观政要. 长沙：岳麓书社，2014.

23. 王秉钦. 文化翻译学——文化翻译理论与实践. 天津：南开大学出版社，2007.

24. 习近平. 在中国共产党第二十次全国代表大会上的报告. 党的建设. 中国甘肃省委党的建设杂志社，2022（11）.

25. 习近平. 习近平谈治国理政：第四卷. 北京：外文出版社，2022.

26. 俞陛云. 诗境浅说. 北京：北京出版社，2003.

27. 杨衍松. 果戈里短篇小说选. 长沙：湖南文艺出版社，2001.

28. 俞理明.〈太平经〉正读. 成都：巴蜀书社，2001.

29. 乐黛云. 文化差异与文化误读. 中国文化研究，1994.

30.（宋）赞宁. 宋高僧传. 北京：中华书局，1987.

31.（宋）朱熹. 朱子全书. 上海：上海古籍出版社，2002.

32. Munday J. Introducing translation studies—theories and application. New York: Routledge, 2001.

33. Nida E A，Charles R T. The theory and practice of translation. Leiden: E. J. Brill, the Netherlands, 1969.

34. Xi Jinping, The governance of China: IV. Beijing: Foreign Languages Press, 2022.

图书在版编目（CIP）数据

汉英翻译与中国文化译介传播 / 杨彩霞著. —北京：中国人民大学出版社，2023. 5
ISBN 978-7-300-31654-3

Ⅰ. ①汉… Ⅱ. ①杨… Ⅲ. ①英语–翻译–研究 Ⅳ. ①H315. 9

中国国家版本馆CIP数据核字（2023）第 076746 号

汉英翻译与中国文化译介传播
杨彩霞 著
Hanying Fanyi yu Zhongguo Wenhua Yijie Chuanbo

出版发行	中国人民大学出版社		
社　　址	北京中关村大街 31 号	邮政编码	100080
电　　话	010-62511242（总编室）		010-62511770（质管部）
	010-82501766（邮购部）		010-62514148（门市部）
	010-62515195（发行公司）		010-62515275（盗版举报）
网　　址	http://www.crup.com.cn		
经　　销	新华书店		
印　　刷	北京捷迅佳彩印刷有限公司		
开　　本	787 mm × 1092 mm　1/16	版　　次	2023 年 5 月第 1 版
印　　张	11.25	印　　次	2025 年 7 月第 3 次印刷
字　　数	177 000	定　　价	39.00 元

中国人民大学出版社读者信息反馈表

尊敬的读者：

感谢您购买和使用中国人民大学出版社的 ______________ 一书，我们希望通过这张小小的反馈表来获得您更多的建议和意见，以改进我们的工作，加强我们双方的沟通和联系。我们期待着能为更多的读者提供更多的好书。

请您填妥下表后，寄回或传真回复我们，对您的支持我们不胜感激！

1. 您是从何种途径得知本书的：

□书店 □网上 □报纸杂志 □朋友推荐

2. 您为什么决定购买本书：

□工作需要 □学习参考 □对本书主题感兴趣 □随便翻翻

3. 您对本书内容的评价是：

□很好 □好 □一般 □差 □很差

4. 您在阅读本书的过程中有没有发现明显的专业及编校错误，如果有，它们是：

____

____

____

5. 您对哪些专业的图书信息比较感兴趣：

____

____

____

6. 如果方便，请提供您的个人信息，以便于我们和您联系（您的个人资料我们将严格保密）：

您供职的单位：______________________________

您教授的课程（教师填写）：____________________

您的通信地址：______________________________

您的电子邮箱：______________________________

请联系我们：黄婷 程子殊 王新文 王琼 鞠方安

电话：010-62512737，62513265，62515580，62515573，62515576

传真：010-62514961

E-mail：huangt@crup.com.cn chengzsh@crup.com.cn wangxw@crup.com.cn
crup_wy@163.com jufa@crup.com.cn

通信地址：北京市海淀区中关村大街甲59号文化大厦15层 邮编：100872

中国人民大学出版社